CLIMAT : ET SI LA TERRE S'EN SORTAIT TOUTE SEULE ?

Laurent Cabrol

Climat : et si la Terre s'en sortait toute seule ?

Collection
Actu
dirigée par Jérôme Bellay

le
cherche
midi

23, rue du Cherche-Midi 75006 Paris
Vous pouvez consulter notre catalogue général et l'annonce
de nos prochaines parutions sur notre site Internet :
www.cherche-midi.com

PRÉAMBULE

Oui, la Terre se réchauffe.

La température a augmenté de 0,7 °C au XXe siècle, et selon les experts du GIEC[1], elle devrait s'accroître de 1,6 à 6,4 °C dans les cent ans qui viennent.

Ce radoucissement avéré, nous le ressentons surtout la nuit, car c'est là qu'il est le plus flagrant. D'une manière générale, ce sont les températures nocturnes qui grimpent. Chez nous, cela signifie moins de gelées, moins de brouillard la nuit et des petits matins plus agréables. Voilà pour notre quotidien.

Pour le reste, c'est un peu la confusion car le réchauffement de la planète n'est pas perceptible de la même manière d'une région à l'autre

1. Groupement intergouvernemental d'experts sur le changement climatique des Nations unies.

ou d'un continent à l'autre. L'Arctique se radoucit et fond, l'Antarctique ne bouge presque pas. Première surprise ! Et ce n'est pas la dernière. Dans le passé, il y en a eu d'autres, et de taille...

Entre l'an 900 et 1300, « l'optimum médiéval » a fait suffoquer la France avec des événements climatiques extravagants. Que dire du Noël 1289 où à Colmar les arbres étaient en feuilles ? On a cueilli les fraises le 25 janvier 1290, même les cigognes étaient revenues... Le 2 février de la même année, elles confectionnaient leurs nids.

Oui mais voilà, à l'âge des brouettes et des charrettes, on ne parlait pas d'explosion du CO_2...

Pendant toutes ces périodes, il a fait très chaud, et puis la Terre a retrouvé ses valeurs...

Alors, en filigrane de tous ces événements incontournables, une question s'impose : comment la planète s'en est-elle sortie aussi bien ? Seraitelle finalement capable de rétablir elle-même son équilibre ? Et si la Terre pouvait s'accommoder de nos excès ? Et si la nature possédait des ressources insoupçonnées pour digérer nos folies et générer des contre-feux ?

INTRODUCTION

Comme beaucoup, j'ai été marqué par les tempêtes de l'hiver 1999, non par leur puissance dévastatrice, qui me paraît dans la norme pour ce genre d'événements, mais par leur soudaineté.

« On ne les a pas vues venir, me confieront, en aparté, certains prévisionnistes. Ce qui s'est produit nous dépasse, un peu comme si le ciel nous était tombé sur la tête. »

C'est vrai, le bilan est impressionnant : près de 90 morts, des dizaines de milliers d'arbres arrachés, 500 000 hectares de forêt dévastés, des vitesses de vent relevées à 173 km/h en Île-de-France et à 200 km/h à Ouessant. « Le phénomène est à l'extrême du possible en Europe », avouera publiquement un ingénieur de Météo-France.

La France est sonnée et cherche des responsables.

La météo nationale se défend comme elle peut... C'est vrai, nous sommes en période de vacances, les effectifs sont réduits et nous baignons tous dans une léthargie festive. Mais, franchement, il était impossible d'imaginer qu'en quelques heures l'atmosphère puisse se déchaîner avec autant de puissance.

Les prévisionnistes d'Europe 1 avec lesquels nous travaillons de manière autonome (nous faisons la synthèse des météos de toute l'Europe) seront également surpris. En voyant venir ce phénomène inimaginable, nous avons même pensé à un dérèglement ou à un parasitage des instruments de mesure !

Où sont les coupables ?

Les journalistes plongent dans leurs archives, dressent la liste des cyclones, des ouragans et des sécheresses. Sans remonter bien loin, ils ressortent de leurs tiroirs la toute dernière inondation : c'était quinze jours plus tôt au Venezuela, quelque 20 000 morts et 500 000 déplacés dans une quasi-indifférence. Pour la presse, la conclusion est toute trouvée : la Terre perd la boule...

Les scientifiques s'évertuent depuis quelques années à nous convaincre que la température du globe augmente en raison de l'effet de serre.

Désormais, on va leur prêter une oreille attentive. Claude Allègre, alors ministre de la Recherche, assène au Conseil des ministres : « La Terre se réchauffe et nous en sommes la cause. »

Ce que les militants écologistes brandissaient sous nos yeux depuis des années devient subitement limpide. Les écolos américains avaient déjà chez eux réveillé les consciences après la sécheresse de 1988, plongeant leur pays dans la psychose. En France, les tempêtes de 1999 ont sonné le prologue de cette crainte du réchauffement.

Et l'effet de serre entra dans nos vies...

Il a fallu d'abord le comprendre, l'assimiler puis l'expliquer.

J'avoue qu'il était pour moi la simple réminiscence de mes cours de physique et chimie, teintés d'un brin d'astronomie et d'un soupçon de météo. Mais je fus surpris par la soif et l'exigence de savoir des auditeurs et des lecteurs... en somme, du public.

Et, à partir de ce jour, nous avons contemplé les cieux avec des regards moins amoureux.

Le constat est dressé à la hâte : non seulement l'effet de serre peut générer « l'apocalypse », mais nous en serions la cause. L'occasion est trop belle pour ne pas enfoncer le clou : haro sur le consommateur !

Pour les spécialistes, il était temps. À cette époque, le GIEC existe depuis déjà douze ans. C'est dire si l'inquiétude est grande dans les milieux gouvernementaux et scientifiques, mais il faut de vraies catastrophes pour nous sensibiliser, et en voici une...

Les scientifiques sont pressés de pousser leurs études et de les publier. Beaucoup le feront sans enthousiasme.

Les chercheurs ont horreur de l'instant... Mais les politiques s'en moquent, ils les sortent de leurs éprouvettes, de leurs carottes glaciaires, de leurs courbes et de leurs modèles pour les sommer de s'expliquer.

Payés par la collectivité pour un travail « collectif », ils vont répondre à contrecœur pour rassurer l'opinion publique...

Elle veut savoir, elle, qui est le coupable et qui est responsable. Nous sommes dans une société où l'homme doit tout maîtriser. Le ciel n'a pas à s'en mêler...

Il va falloir expliquer aux Français qu'ils sont à l'origine de ces bouleversements. Alors, les scientifiques prennent la parole, publient leurs études et prennent leurs responsabilités : « L'homme, par son comportement et son mode de vie, accroît dangereusement l'effet de serre. » C'est la conclusion quasi unanime.

L'opinion découvre ébahie que la voiture fait grimper le thermomètre, que le CO_2 qu'elle émet renforce les gaz déjà présents dans l'atmosphère. On nous avait dit, il y a quelques années, que nos bombes à raser ou nos laques aérosols creusaient la couche d'ozone... et l'on apprend maintenant que le CO_2 renforce l'effet de serre...

Le nez dans mes cartes météo et dans mes bulletins quotidiens, j'ai emboîté le pas, j'ai suivi, parfois même précédé le mouvement. À cela quelques raisons : à l'époque, les chercheurs sont réellement inquiets et n'expliquent pas autrement que par l'effet de serre les excentricités climatiques. Mais le monde entier nous regarde à présent car ces tempêtes ont fait le tour des télévisions internationales et la conclusion des experts est implacable : nous courons à notre perte !

Mais comment expliquer l'inexplicable ? La machine climatique est effroyablement complexe, le public ne le sait pas et on ne le lui dit pas assez.

Mea culpa... Pourquoi ? Parce qu'en vulgarisant la météo, en diffusant les images satellites le soir à la télé (je fus d'ailleurs le premier à les montrer et à en abuser), nous avons donné l'impression que cette science était simpliste : le satellite observe, les nuages se forment, il suffit de suivre leur route et la prévision est bouclée !

Combien de fois m'a-t-on dit : « T'as vu les nuages sur la Bretagne, tu connais la vitesse des vents et t'es pas capable de nous dire à quelle heure il pleuvra sur Paris ? » À vouloir trop simplifier la météo, on a tué son mystère et surtout... on a laissé croire que c'était une science maîtrisable.

La réalité est bien plus grave.

Aujourd'hui, nous comprenons et expliquons la moitié des phénomènes, le reste est encore du domaine de la recherche... Même Robert Kandel, astrophysicien, maître de la pluie qu'il étudie sans relâche, me disait alors : « Le climat ! Que d'incertitudes ! »

Plus on observe, plus les satellites sont précis, plus les ordinateurs sont puissants et plus on mesure la complexité des éléments et le gouffre de connaissances à combler.

Si, comme on l'affirme, le réchauffement climatique bouscule toutes les données, comment allons-nous trouver des solutions alors même que la science sur laquelle on s'appuie est en perpétuel mouvement ?

On parle alors de surprises, de phénomènes extrêmes, de sautes d'humeur, comme pour excuser de ne pouvoir rien prévoir de fiable.

Cette crise a aussi ses avantages

Jamais le climat ne fut autant médiatisé, et c'est vrai, en plaçant les chercheurs sous les projecteurs, on les a incités à se prononcer. Les résultats sont balbutiants, mais on avance !

J'ai déjà connu ce scénario à propos des prévisions à long terme. Je suis de ceux qui pensent qu'en publiant ou en parlant des prévisions saisonnières – très aléatoires –, on incite les climatologues à accélérer leurs études.

Je me souviens d'avoir donné sur l'antenne d'Europe 1, de 1987 à 1989, les prévisions à dix jours. C'était une petite révolution : elles étaient secrètes, et je devais, pour les obtenir, capter sur ondes courtes les liaisons entre l'état-major américain et sa marine de guerre qui croisait près de nos côtes ! Aujourd'hui, toutes les météos du monde publient les tendances à dix ou quinze jours. Dans vingt ans, je pense que la prévision saisonnière sera banalisée.

Autre avantage de l'emballement médiatique : l'argent, nécessaire pour les recherches sur le climat, commence à affluer, et ce partout dans le monde.

Enfin, dernier bonus pour nous, journalistes : les laboratoires échangent entre eux, les études sont publiées, c'est la fin des chapelles jalousement gardées. La presse jubile d'ailleurs devant cette transparence et une telle circulation des informations...

Deuxième acte : après les tempêtes, la sécheresse...

Les tempêtes de 1999 furent donc le point de départ d'une prise de conscience populaire très attendue. Les médias se sont mis alors à lorgner les nimbus et à faire les yeux doux au moindre cumulus, prompts à s'enflammer à chaque soubresaut climatique.

2001 et 2002 furent des années d'inondations.

Puis vint 2003 et la canicule aux conséquences effroyables : 15 000 morts. Curieuse coïncidence, ces événements terribles surviennent toujours quand la France sommeille. Cette fois au cœur de l'été. Le terrible bilan de cette canicule, nous le devons à notre inconscience collective et à cette idée saugrenue qui veut que la chaleur n'apporte que le bien-être... On avait déjà oublié qu'en 1983, à Marseille, une autre canicule, très locale celle-là, avait provoqué la mort de 500 personnes, presque dans l'indifférence générale.

Souvenez-vous... Pendant deux semaines, du 14 juillet au 2 août, les températures dépassent les 40 °C. Deux médecins de La Timone, à Marseille, le docteur Simonin et le docteur François, tentent d'alerter médias et politiques sur les nombreux cas de maladies liées à la chaleur. Peu ont répondu à leur appel. Résultat : 500 morts, essentiellement des hommes de plus de 75 ans et des femmes de plus de 65 ans. Vingt ans après, le même scénario s'abat, cette fois, sur la France entière...

Mais en 2003, peut-on parler de soudaineté comme ce fut le cas en 1999 ? Certainement pas. La canicule s'est dessinée bien avant, et j'annonçais, le 3 août sur Europe 1, des températures exceptionnelles qui devaient durer plus de huit jours. La réalité est allée au-delà, mais les prévisions étaient assez justes. Seulement, nous étions en vacances, les personnes âgées étaient livrées à leur triste sort, et la chaleur, sournoise, n'a pas pardonné.

Maintenant, nous savons, et les mesures prises éviteront à l'avenir bien des drames.

Cet épisode illustre un phénomène trop méconnu de tous : ce sont les températures de la nuit qui sont les plus dangereuses. En période de forte chaleur, elles empêchent l'organisme de récupérer. Nous verrons dans ce livre que ce sont précisément celles-là qui sont touchées par le réchauffement climatique et qui grimpent le plus.

Cette canicule de l'été 2003 restera, hélas, dans les annales des cataclysmes les plus terribles de notre pays. La tempête de 1999 a alerté l'opinion, la canicule l'a exacerbée. C'est comme si nous étions toujours en attente d'autres catastrophes, et il y en aura...

L'emballement

Le réchauffement climatique, au fil des ans, est devenu l'élément phare de notre actualité. Le GIEC multiplie ses rapports et les conférences mondiales dégagent un consensus...

Ah ! « consensus », LE maître mot... celui qui rassemble une grande partie des chercheurs et des politiques de la planète. Un consensus qui est aussi la porte ouverte à toutes les approximations. Mais, en son nom, le protocole de Kyoto signé en 1997 rassemble plus d'une centaine de pays. Il expire en 2012 et la prochaine règle du jeu doit être prête en 2009. Elle a été établie en décembre 2007 par les diplomates et les chercheurs, sous l'égide des Nations unies, à la conférence de Bali.

L'Union européenne, le Canada et le Japon sont favorables à une réduction de 50 % des gaz à effet de serre d'ici à 2050. À l'heure où nous écrivons ces lignes, les États-Unis semblent vouloir se rallier au concert des nations. Certains pays, dont la France, sont à la pointe et souhaitent maintenant montrer l'exemple. En bombant le torse, nous allons nous engager à supporter le plus lourd des efforts alors que le phénomène est mondial.

Et lorsque, en plein Grenelle de l'environnement, on parle de réduire les vitesses de 10 km/h sur routes et autoroutes, sait-on vraiment ce que cela représente à l'échelle planétaire ?

Jean-François Copé, président du groupe UMP à l'Assemblée, le résume fort bien : « C'est une fausse bonne idée : pour diminuer de 0,5 % les émissions de CO_2 en France – ce que rejette la Chine en trois heures –, on freinerait les automobilistes, alors qu'on a déjà du mal à faire respecter les limitations existantes ! »

Face à cet emballement qui nous accuse, nous culpabilise, nous accule, il est peut-être temps d'analyser la situation avec calme, sans passion ni parti pris.

Comprendre le phénomène du réchauffement, c'est bien sûr l'expliquer, mais c'est aussi relativiser de nombreuses études parfois contradictoires.

La Terre est malade...

Mais si, comme tout organisme vivant qui respire, s'exalte et souffre, elle puisait au fond d'elle-même les ressources de sa survie ?

Pourquoi ne pas poser alors cette question politiquement et écologiquement incorrecte : et si la Terre s'en sortait toute seule ?

QUELQUES CERTITUDES, BEAUCOUP D'APPROXIMATIONS

L'EFFET DE SERRE

Le climat est une machine joliment huilée et diablement équilibrée, mais que l'on touche à un paramètre et c'est toute la mécanique qui s'emballe. Cette mécanique repose essentiellement sur l'effet de serre. Comprendre sa complexité et son utilité, c'est appréhender l'essentiel de nos turbulences climatiques.

Une mécanique expliquée simplement...

Prenons un rayon de soleil.

Quand il frappe le sol, son énergie est absorbée à 70 % par la terre et par l'air qui l'environne.

Les 30 % restants sont rejetés dans l'espace. Ce sont eux qui nous intéressent, car s'ils s'évaporaient et rejoignaient la voûte céleste, la température moyenne sur notre planète serait de – 18 °C. Toute vie serait donc impossible.

Fort heureusement, la Terre est entourée d'une large membrane qui retient l'essentiel de ces 30 % et les emmitoufle, maintenant ainsi le globe terrestre sous serre.

Cette membrane invisible est composée essentiellement de trois gaz :

– le dioxyde de carbone (CO_2), pour 26 % ;
– le méthane, pour 4 % ;
– la vapeur d'eau, pour 60 % ;
– et, pour 10 %, d'autres gaz.

Cette membrane, en l'état, retient la majeure partie des 30 % de la chaleur rejetée, et grâce à elle la température moyenne atteint 15 °C. On comprend la subtilité de la mécanique : si ces gaz se raréfient, les 30 % de chaleur solaire s'évadent, la température baisse et la vie disparaît.

Or, c'est l'inverse qui se produit : la membrane s'épaissit parce que les hommes, par leurs modes de vie, libèrent dans l'atmosphère des quantités importantes de gaz carbonique et de méthane.

La chaleur du rayon de soleil qui remonte dans l'espace est donc prisonnière et la température augmente.

Voilà le mécanisme de l'effet de serre et voilà notre casse-tête : car l'augmentation de la température sur le globe semble avoir des effets directs sur l'atmosphère et sur notre climat.

Sur la Terre, tout est lié : « On ne touche à rien sans toucher à tout », résume fort bien Robert Kandel.

LES CERTITUDES

La température moyenne terrestre s'accroît, c'est une évidence. Sa courbe reflète une réalité troublante, on la voit grimper très rapidement depuis les trente dernières années.

Par ailleurs, il n'est point besoin d'être un spécialiste pour constater le recul des glaciers, l'élévation du niveau de l'eau et de sa température, la diminution des périodes de gel, la modification des dates de floraison, de vendanges ou de récoltes fruitières.

Le réchauffement du xxe siècle est flagrant, rapide et brutal

C'est une certitude, il existe. Alors quelles sont ses conséquences ?

Il serait trop long de les décliner à l'échelle planétaire. Rappelons tout de même que les spécialistes enregistrent quelques grandes tendances mondiales.

• La fonte des glaciers : le Groenland a vu ses glaciers réduits de 230 milliards à 80 milliards de tonnes par an de 2000 à 2003, ce qui représente 10 % de l'élévation du niveau des mers. Le « recul » des glaces présente déjà des avantages avec une circulation maritime plus facile et une course folle à l'exploitation des hydrocarbures du pôle Nord...

• Le niveau de la mer augmente, la température de l'eau de mer s'accroît : au large de l'Écosse, par exemple, elle a augmenté de 1 °C en vingt ans (de 1986 à 2006). En Méditerranée, sur la même période, on enregistre un réchauffement de 0,5 °C. Par ailleurs, le niveau de la mer s'est accru de 0,8 à 3 millimètres sur le Nord de l'Europe.

• Les barrières de corail s'affaiblissent : notamment la Grande Barrière d'Australie, qui est le plus vaste organisme vivant du monde.

• Les ressources en eau potable diminuent.

• Les incendies de forêt sont plus nombreux et plus vastes.

• Davantage de pluies au Sahara et en Arabie saoudite (effet positif !).

• Multiplication des événements extrêmes (tornades, cyclones, sécheresses, inondations).

Les conséquences en France

Les phénomènes extrêmes

Les chercheurs annonçaient des événements extrêmes. Nous y sommes !

Octobre 1988 : catastrophe de Nîmes, 220 litres d'eau au mètre carré en trois heures.

Janvier 1990 : hiver très sec. 11 000 kilomètres de cours d'eau asséchés.

Février 1991 : record de froid (en deçà de – 20 °C) à Luxeuil (Haute-Saône).

Septembre 1992 : crues dramatiques à Vaison-la-Romaine (Vaucluse).

Décembre 1999 : deux tempêtes balayent la France. Il y aura 70 morts et des vents de 180 km/h.

Avril 2001 : inondations dans la Somme.

Septembre 2002 : inondations exceptionnelles dans le Gard.

Août 2003 : canicule meurtrière, 15 000 morts, après un hiver froid et neigeux.

Hiver 2007 : douceur historique.

Impact sur les nappes phréatiques

Les nappes phréatiques sont mises à mal, mais de manière cyclique. Tout dépend de la nature du sol.

On a vu qu'elles pouvaient se reconstituer parfois très vite. Alors, pour l'heure, rien d'excessif mais une simple alerte.

Les vagues de froid et les inondations

À ce jour, nous avons peu subi de températures extrêmes en hiver, mais c'est une probabilité qui me paraît évidente. De même pour les grandes inondations. La fameuse crue centennale que l'on craint sur Paris n'étonnera pas les spécialistes. D'ailleurs, les mesures de précaution sont déjà prises.

Manque de neige ?

Les stations de sport d'hiver de moyenne et basse altitudes vont manquer de neige.

C'est déjà vrai, le mouvement est enclenché... Si la température moyenne s'accroît et atteint 2 °C dans les années à venir, on perdra un mois d'enneigement entre 1 500 et 2 500 mètres d'altitude dans les Alpes et les Pyrénées. Mais au-delà de 2 500 mètres, pas de changement.

Conséquences sur les glaciers

Les glaciers alpins les plus élevés ne bougent pas. Ceux du mont Blanc et du Goûter n'ont guère varié. Leurs précipitations neigeuses sont constantes et la fonte est négligeable. En revanche, la mer de Glace (1 800 mètres) a perdu près de 120 mètres d'épaisseur en un siècle. En 2003, lors de la canicule, la perte fut de 11 mètres. Christian Vincent, du CNRS, admet qu'une augmentation des températures de 2 à 3 °C d'ici à 2100 condamnerait tous les glaciers inférieurs à 3 400 mètres. Les Alpes sont les plus visées car le massif alpin connaît un réchauffement plus important.

La forêt

Les études de l'Inra montrent un allongement de la période de croissance des arbres de quinze jours environ. Le débourrement des bourgeons est précoce et la chute des feuilles tardive.

Certaines espèces dépérissent, notamment les sapins en Provence et en Languedoc. Le chêne vert progresse vers le nord de la France et le hêtre va disparaître du Midi.

Que va-t-il se passer en cas de réchauffement ?

Selon l'Inra, l'olivier pourrait atteindre Lyon. Le pin maritime multiplierait sa superficie par 2,5. Et le hêtre, en régression, se retrancherait dans le Nord-Est. Mais tout ceci doit être relativisé. Les arbres vont-ils s'adapter à d'autres contrées aussi aisément ? Ils doivent se confronter aux autres espèces et s'adapter à des natures de sol différentes.

N'imaginons pas que nos petits-enfants assisteront à la redistribution des essences forestières et à la recomposition des bois et des forêts ! La nature réagit avec lenteur et, si le climat se détériore rapidement, le paysage, lui, ne se modifiera pas en quelques années.

L'agriculture

L'homme est beaucoup plus impliqué dans ce domaine et peut exercer un contrôle, sur les plantes notamment, par des apports d'engrais ou par des traitements. Il peut imposer une culture dans une région inhabituelle en recourant à de nouvelles variétés, en jouant sur les dates de semis et bientôt grâce aux OGM qui permettront à des espèces de s'adapter rapidement.

Les premières études ont montré qu'un réchauffement de 1 °C va se traduire par un déplacement de 200 kilomètres des cultures vers le nord et de 150 mètres en altitude.

Les études de l'Inra font également état d'un raccourcissement de trois semaines du cycle du blé, ce qui entraînera une baisse de la teneur en protéines, donc une perte en qualité. Une adaptation des variétés s'avérera nécessaire.

Le maïs, lui, voit son cycle s'allonger, passant de trois à quatre mois. Ces simulations ont été réalisées en vraie grandeur, mais avec un apport d'eau suffisant. Cela suppose donc qu'il n'y ait pas de pénurie.

Le transport et l'industrie

Ils représentent à eux seuls la moitié des émissions de gaz à effet de serre. Je n'y reviens pas car ils font l'objet au quotidien d'articles et d'enquêtes dans la presse.

Nous verrons que ce sont les secteurs sur lesquels on nous demande de faire le plus d'efforts. Ce sont aussi les domaines les plus coûteux pour les ménages et c'est donc l'occasion pour nous d'économiser un peu d'argent.

Voyons maintenant les acteurs du climat. Ils agissent tous à leur manière dans des limites mal définies et sous des formes souvent inexpliquées.

L'observateur, curieux ou attentif, se pose beaucoup de questions et la science n'a pas réponse à tout. Je vous propose de dresser le bilan de nos connaissances actuelles, de voir où se situent les quasi-certitudes et de pointer les zones d'ombre et les inconnues.

LES ACTEURS DU CLIMAT

L'OCÉAN

Pour beaucoup d'entre nous, il est synonyme de vacances, de bains de mer et de farniente. Mais, pour les climatologues, il est le grand maître du temps. L'océan occupe 70 % de la surface de la planète et absorbe donc la majeure partie de l'énergie solaire. Il la stocke en son sein avec un pouvoir d'inertie exceptionnel. Les baigneurs de septembre le savent bien puisque la température de l'eau du bain en fin d'été est beaucoup plus élevée qu'au mois de juin. On comprend ici que la mer se réchauffe et se refroidit très lentement.

Nous avons donc une masse d'eau gigantesque capable de retenir la chaleur solaire et de la restituer en alimentant le ciel en nuages grâce à l'évaporation.

Oui, l'océan est bel et bien le carburant de l'atmosphère. Son rôle est essentiel dans le fonctionnement du climat et, cependant, notre connaissance de cette machine thermique est encore balbutiante. Nous tenons là une clé magique pour comprendre le temps, et nous en savons tellement peu sur le sujet...

Tâchons d'y voir clair... Que savons-nous ?

D'abord, les océans ne sont pas statiques. Ils bougent et véhiculent l'énergie absorbée d'un bout à l'autre de la planète... On appelle cela la « thermohaline », de *thermo* (« chaleur ») et *halinos* (« salin »).

Imaginons une goutte d'eau océanique, située à l'équateur et chargée de sel. Elle va prendre la direction du nord de l'Europe pour rejoindre l'Arctique. Durant son trajet, elle libère la chaleur emmagasinée à l'équateur, se refroidit et devient plus lourde. Arrivée près du pôle, enrichie par le sel de la mer du Groenland, sa densité augmente, elle ne tient plus en surface et plonge. Elle va alors rejoindre le fond de la mer et repartir en sens inverse vers l'équateur, poussée par des courants d'eaux profondes, un peu comme sur un immense tapis roulant. Elle va ensuite gagner le sud de l'Afrique, le Pacifique puis l'océan Indien, tout en se réchauffant. Elle devient alors plus légère et remonte en surface. Notre goutte a fait le tour du monde : on appelle cela la circulation thermohaline. Durant son trajet, elle a véhiculé de l'énergie, tantôt l'accumulant, tantôt la restituant. Ce tour du monde aura duré mille ans et notre bulle d'eau aura alimenté, pendant des siècles, l'atmosphère.

D'où cette première question : **est-ce que le climat qui est le nôtre aujourd'hui a été déterminé, il y a quelques siècles, dans un autre coin du globe ?**

C'est fort probable. Mais alors, pourquoi les océans ne seraient-ils pas aussi responsables de l'élévation des températures ? Ils libéreraient dans l'atmosphère une chaleur accumulée il y a bien longtemps, provoquant le réchauffement de la mer et de la planète.

Autre réflexion : l'inertie thermique de l'eau est telle que, depuis soixante-dix ans, les océans se réchauffent plus lentement que l'atmosphère. En ce moment, ils accumulent et stockent une énergie calorifique colossale et ils vont un jour la libérer, quoi que nous fassions... Tous nos efforts pour rééquilibrer les températures seraient donc vains. Ce qui tendrait à prouver que nous sommes étrangers à ce qui nous arrive. C'est la faute à Louis XIII, il a régné sous un siècle de douceur. Boutade de climatologue ! En réalité, nous n'en savons rien. Seule certitude : la mer se réchauffe...

Oui, la mer se réchauffe...

Des milliers de bateaux ont été équipés dès 1860 de dispositifs de mesure et attestent ce réchauffement. Aujourd'hui, les satellites permettent de donner avec précision la température de surface.

La phase de réchauffement a débuté vers 1970 et s'est accélérée à partir de 1993. L'Atlantique Nord et la Méditerranée affichent des hausses moyennes de 0,5 °C. Mais quand l'eau se réchauffe, elle se dilate et monte... Mesurée par les satellites Topex et Poseidon, la hausse du niveau de l'eau est en moyenne de 2,5 millimètres par an depuis 1993.

En Europe, les hausses les plus spectaculaires sont enregistrées à Narvik (Norvège), Helsinki (Finlande), Venise (Italie) et Vigo (Portugal). En France, elles n'ont rien d'exceptionnel. Marseille et Brest affichent 0,8 à 0,9 millimètre par an.

Le phénomène est mondial et s'amplifie chaque année puisque la couche d'eau réchauffée est toujours plus épaisse. La dilatation s'accroît et les niveaux grimpent. **La mer monte en se réchauffant, mais en s'évaporant elle se**

refroidit ! C'est une loi physique que nous pouvons tous vérifier dans notre baignoire...

À vos calculettes ! Qui a dit que le sujet était simple ?

Quand la mer monte...

En France, des études sont en cours pour évaluer l'impact du réchauffement sur les côtes. On parle déjà d'une élévation du niveau de nos mers de 18 à 59 centimètres d'ici à 2100. Mais un autre phénomène se conjugue à la hausse du niveau de l'eau : l'érosion des côtes. Et ce phénomène-là est concret, palpable, mesurable.

Des enquêtes précises ont déjà été réalisées et elles démontrent que les côtes s'érodent. 50 % des plages de la Manche et de la mer du Nord sont touchées par l'érosion, 48 % des plages de l'Atlantique et 36 % des plages de la Méditerranée. Près de 6 000 kilomètres de côtes françaises sont mises à mal. Pourquoi ce recul des plages ? L'effet de serre est-il responsable ? On sait en tout cas que l'érosion résulte de plusieurs causes :

– le vent ;

– la houle ;

– les courants ;
– les sédiments des fleuves.

S'ajoute à ces phénomènes naturels l'activité humaine, et en particulier l'extraction du sable dans les océans (à Erdeven, dans le Morbihan, 10 000 personnes ont manifesté cette année contre les marchands de sable). Nous voilà servis !

Les estimations ne sont guère précises et, surtout, elles varient selon le littoral car il est assez absurde de généraliser la situation. Mais le sujet a toute son importance, car les côtes ont la cote : les Français sont attirés par le littoral. Près de 6 millions d'entre nous y résident et la densité de 272 habitants/km^2 est plus de deux fois supérieure à la moyenne nationale.

Ces millions de gens veulent savoir si leurs maisons pourront supporter la hausse du niveau de la mer ou l'érosion. Si ces deux phénomènes se conjuguent, l'inquiétude est légitime.

Mais, de grâce, cessons de dire que l'effet de serre va nous chasser de nos côtes. Le réchauffement climatique n'est pas le seul responsable, nous allons le voir. Quoi qu'il en soit, on n'évaluera l'ampleur de la dilatation des eaux que quand on mesurera avec exactitude l'augmentation des températures sur la Terre. Je rappelle que le GIEC, dans son dernier rapport de synthèse (novembre 2007), avance une estimation de + 1,6 à + 6,4 °C d'ici à 2100. Quelle fourchette ! En fait, on passerait du supportable à l'apocalypse !

Dans le monde, de nombreuses îles vont disparaître au cours des cinquante ans à venir... Érosion ou réchauffement ? Ou peut-être les deux ?

Les îles les plus menacées sont les Maldives, dans l'océan Indien. J'ai visité ce pays constellé d'îlots à fleur d'eau et j'ai vite compris qu'il ne résisterait pas longtemps à une augmentation du niveau des mers, aussi minime soit-elle... On a l'impression en les voyant qu'un simple orage peut les noyer ! Le Bangladesh, l'Indonésie, la Thaïlande, le Mozambique vivent également sous le spectre d'une disparition de leurs côtes actuelles.

Mais d'autres pays dont les villes ont été bâties sur les lagunes vont subir des érosions spectaculaires... Au Sénégal, la Petite Côte, à Saly a déjà perdu les deux tiers de sa plage.

Réchauffement ou érosion locale ? L'érosion est prouvée, le réchauffement est avancé... sans preuve. C'est la mode !

Cette augmentation du niveau des mers semble, hélas, irrémédiable. L'inertie des océans est telle que même si on maîtrise le réchauffement, l'eau continuera de monter...

Pourquoi tant de disparités sur la carte du monde ? Certaines zones de l'Atlantique Nord ou du Pacifique voient leur niveau monter mais d'autres secteurs dans l'océan Indien baissent fortement.

Le rôle des océans : encore beaucoup de mystères...

On l'a vu, l'océan bouge, réagit, respire et régule... La planète est suspendue à ses soubresauts. Il occupe les deux tiers du globe : son rôle est primordial et les chercheurs découvrent son pouvoir tous les jours. Ses réactions, encore imprévisibles parce que très longues à se manifester, impressionnent et inquiètent à la fois.

L'océan va-t-il s'adapter à ce surcroît de chaleur ? Ou le rejeter ? Il pourrait même occasionner quelques accidents dont il a le secret, le plus spectaculaire étant la déviation du Gulf Stream [1]... C'est une éventualité juste crédible.

Pour en expliquer le principe, revenons à notre tapis roulant et à notre goutte d'eau qui part de l'équateur chargée de sel et de chaleur. Elle n'ira pas au bout de sa course si le réchauffement provoque, comme on le pense, la fonte des glaces de l'Arctique. Ces glaces vont lâcher dans l'océan de l'eau douce qui va entraîner la plongée dans les profondeurs de notre goutte d'eau... bien avant qu'elle n'arrive au pôle, provoquant la déviation du Gulf Stream. Ce courant cessera donc de réchauffer les continents qu'il borde, d'où cette brusque glaciation évoquée dans les scénarios catastrophes, comme le film *Le Jour d'après* de Roland Emmerich.

Ce scénario est envisageable. Dans le passé, le Gulf Stream a connu plusieurs ralentissements et même des arrêts liés aux fluctuations climatiques. Une telle situation serait catastrophique, donnant lieu à un refroidissement brutal

1. Le Gulf Stream fait partie de ces courants marins qui déterminent eux aussi notre climat. Grâce à lui et à la chaleur qu'il transporte, des palmiers poussent dans le Sud des îles Britanniques, alors qu'au Canada, à la même latitude, les côtes du Labrador sont gelées.

de l'Europe du Nord et de l'Ouest. La chaîne alimentaire marine serait perturbée, avec pour conséquence un changement de mode de vie sur la planète...

Ce scénario catastrophe fait le délice des gazettes. Qu'en penser ?

À ce sujet, on dit tout et son contraire. Éric Rignot, glaciologue de son état, affirme que « l'arrêt du Gulf Stream peut survenir en deux ou trois ans », refroidissant du même coup toute l'Europe du Nord. Mais Édouard Bard, professeur au Collège de France, tempère : « Si cela est arrivé par le passé, ça s'est produit en période glaciaire. Or, nous sommes en période de réchauffement naturel. Nous ne sommes donc pas dans les mêmes conditions. » On ne peut donc rien affirmer en la matière. Éric Rignot renchérit dans une autre étude : « Nous n'avons pas acquis suffisamment de connaissances sur ce qui s'est passé pour vraiment dire ce qui se passera demain. Nous sommes pris de vitesse. »

Fermez le ban... Comprenne qui peut... Le moins que l'on puisse dire, c'est que nous ne sommes pas près d'élucider le sujet...

El Niño : la grande inconnue célèbre !

Je me dois d'en parler car le phénomène illustre fort bien l'interaction complexe qu'il peut y avoir entre le vent, les courants, l'océan et l'atmosphère.

Où sommes-nous ? Tout se passe dans le Pacifique entre l'Indonésie et le Pérou. En temps normal, les alizés soufflent d'est en ouest, donc du Pérou vers l'Indonésie. Ils poussent les eaux chaudes vers les Indonésiens et, au contact des terres, les précipitations se déclenchent violemment. À l'opposé, les eaux froides remontent vers les Péruviens. Les pêcheurs se régalent car le poisson est abondant : il aime les eaux fraîches.

Or, sans que l'on sache pourquoi, à intervalles relativement réguliers, les courants s'inversent et la météo en fait autant. En Indonésie, les pluies cessent, les sécheresses deviennent dévastatrices à cause des incendies de forêt. Au Pérou, l'eau se réchauffe, les poissons fuient, les pluies arrivent et inondent les côtes. Les pêcheurs péruviens redoutent cet événement climatique, et comme il survient en général à Noël, ils l'ont surnommé l'Enfant Jésus, El Niño. Pendant ce temps-là, au milieu du Pacifique, en Polynésie, les cyclones se multiplient.

Première question : **El Niño est-il dû au réchauffement climatique ?**

NON... Il existe depuis des millénaires. L'évêque de Panama, Thomas de Berlanga, en a fait l'expérience en embarquant en 1535 pour le Pérou : soudain les vents se sont arrêtés. Il a dérivé et découvert les Galapagos. Le fautif ? El Niño, qui, déjà, avait inversé la course des vents...

Deuxième question : pourquoi ce phénomène ?

Eh bien, on n'en sait rien ! Les spécialistes trouveront certainement un jour. Mais avouons que cela illustre parfaitement le rôle considérable que jouent les vents au contact de l'eau. En inversant leur direction, ils ont agi sur l'océan, qui lui-même a agi sur l'atmosphère, et cette interaction a modifié le climat de deux continents.

Pour mieux comprendre le phénomène, amusez-vous à remplir une bassine d'eau et à souffler sur le liquide. Vous voyez comme il s'affole, ondule, déborde... Faites chauffer la bassine et observez les bouillonnements et l'évaporation. Puis soufflez d'un côté et de l'autre du récipient. Vous créez alors dans votre cuisine une formidable pagaille, imaginez ce que cela peut donner au niveau de l'atmosphère !

Voici une nouvelle preuve que, en matière de climat, la complexité est immense et les mystères encore nombreux. Ces mystères portent sur des mécanismes essentiels et démontrent que la recherche climatique n'en est qu'à ses balbutiements...

Pour résumer...
– L'océan est à la fois le carburant de l'atmosphère et un régulateur de chaleur.
– Il chauffe, donc il se dilate et la mer monte. Mais par ailleurs il s'évapore et se refroidit.
– Grâce à la circulation thermohaline et aux courants, il disperse à travers la planète l'énergie solaire accumulée sur l'équateur.
– Il agit, avec le vent, sur les climats des différents continents.

Mais l'océan est aussi l'acteur vedette du climat puisqu'il a une autre fonction essentielle : il absorbe le CO_2...

L'océan, dévoreur du CO_2 ?

Il le fait dans des quantités énormes avant de le stocker dans ses profondeurs. Il est utile de parler de ces mécanismes.

Comme moi, vous serez une nouvelle fois émerveillés par la gymnastique des échanges et des transports d'énergie sur la Terre ! On a vu que l'océan ressemblait à un tapis roulant et que les eaux de surface plongeaient dans les abysses en se refroidissant. Ce plongeon entraîne avec lui une partie du gaz carbonique qui s'est dissous dans l'eau et va le reléguer au fond des mers pendant mille ans. C'est toujours ça de pris sur l'effet de serre !

Mais il existe une autre pompe à carbone. Celle-là est biologique.

Elle est actionnée par deux stars des surfaces océanes, deux bactéries au nom barbare : *Prochlorococcus* et *Synechococcus.* Elles existent par milliards dans les eaux de surface des mers. Ces bactéries vivent grâce à la combinaison de la lumière et du gaz carbonique qu'elles avalent. Le phytoplancton, responsable de la moitié de la photosynthèse du globe, se nourrit grâce à elles. Découvertes dans les années 1980 (c'était hier), elles sont des actrices de tout premier plan dans l'évolution du climat puisqu'elles avalent des quantités astronomiques de CO_2. Mais il y a encore beaucoup à découvrir à leur sujet. On sait que certaines souches croissent en eau de surface à pleine lumière, d'autres à 100 ou 200 mètres à basse lumière.

Une autre surprise vient s'ajouter au mystère de ces pompes à carbone. Savez-vous que les mers australes absorbent plus de carbone que celles de l'hémisphère Nord ?

Pourquoi ? Parce que les mers du Sud ont une teneur en fer plus grande. Et, justement, le fer facilite la photosynthèse du phytoplancton. Plus il y a de fer dans la mer, plus on absorbe de gaz carbonique !

Et si l'on répandait du fer sur les océans pour accélérer la photosynthèse ? L'idée n'est pas si saugrenue. Certains y pensent et ont même suggéré de l'appliquer, au risque de déstabiliser la chaîne alimentaire sous-marine.

Décidément, il s'en passe, sur les mers du globe, qui recouvrent les deux tiers de la planète !

D'ailleurs, leur capacité de stockage d'énergie est-elle totalement évaluée ? Et puis, que sait-on sur la pompe à carbone ? Nous tenons là un élément majeur du réchauffement.

Revenons à nos deux bactéries qui font l'objet d'études attentives. Serait-il idiot de suggérer qu'elles puissent devenir de grosses dévoreuses de carbone ? Idiot d'imaginer qu'elles puissent se réactiver ou même que nous les multipliions ? Serait-il idiot d'imaginer que le globe, organisme vivant, crée en son sein des cellules avaleuses de CO_2 comme notre organisme crée des anticorps pour lutter contre les maladies ?

La climatologie est une science trop jeune pour asséner des vérités définitives. La recherche océanographique est balbutiante, or l'océan tient la clé de notre mystère.

Oui, la mer se réchauffe.

Oui, elle monte.

Oui, l'océan est un magnifique distributeur d'énergie. Mais cette distribution n'est pas la même selon les continents. Vouloir globaliser le réchauffement climatique est abusif. Beaucoup de chercheurs le disent, d'autres le pensent : pour être plus proche des réalités, il faut régionaliser.

Il est troublant de constater que nos bactéries dévoreuses de CO_2 ont été révélées il y a à peine trente ans.

Il est aussi troublant de penser que tout ce petit monde invisible à l'œil nu tient notre avenir dans ses mains.

Il est urgent de penser que nous avons d'autres découvertes à faire. Surprenantes, rassurantes ou peut-être inquiétantes. À coup sûr, passionnantes et déterminantes.

LE CYCLE DE L'EAU

Ce cycle a un rapport direct avec les nuages. L'eau, c'est l'élément fondamental de la vie, et son rôle dans le devenir climatique est crucial. Sur la planète, elle se répartit ainsi :
– 97,20 % en eau salée ;
– 2,15 % en eau glacée (c'est l'eau polaire) ;
– 0,6 % en eau souterraine ;
– 0,02 % en eau de surface (lacs, fleuves, rivières) ;
– 0,001 % sous forme de vapeur d'eau dans l'atmosphère.

Sur Terre, l'eau ne se fabrique pas. Depuis sa création, la planète possède la même quantité d'eau. C'est un cycle permanent.

Elle a pour particularité d'être à l'état gazeux dans la haute atmosphère : c'est l'élément majeur de l'effet de serre. Elle est sous forme solide dans la glace et la neige et sous forme liquide dans les mers et les rivières.

L'eau est donc partout. Sous terre, dans les nuages, dans l'atmosphère. Elle ruisselle, s'évapore, s'infiltre, précipite, et surtout elle réagit à la température.

Le couple océan-atmosphère échange continuellement de la chaleur et de l'eau sous forme de vapeur et de nuages. Beaucoup de questions sans réponses subsistent.

Comment peut réagir ce couple en période de réchauffement ? Si l'évaporation s'accroît, les nuages qu'elle va former seront-ils précipitants ? Et quel type de nuages sera majoritaire ? Les plus élevés favorables à l'effet de serre ou les plus bas défavorables, qui refroidissent l'atmosphère ? Sous quelle forme vont-ils précipiter : pluies violentes qui ruissellent ou pluies fines qui s'infiltrent ?

Pierre Morel, du CNRS, et Moustafa Chahine, du California Institute of Technology, affirment qu'une modification même mineure d'un algorithme « parmi des dizaines d'autres dans un modèle de circulation générale peut parfaitement changer de manière significative la répartition des pluies sur toute la planète ». Et ils ajoutent :

« Il faut aussi prendre en compte les incertitudes sur l'évaporation des océans, sur les processus hydrologiques des continents et sur les phénomènes de mélange atmosphérique. » Leur conclusion : « Toute prévision à long terme du cycle global de l'eau est fortement aléatoire. »

L'état actuel des connaissances sur le cycle de l'eau ne permet pas de fixer en positif ou en négatif les changements attendus dans telle ou telle région. Voici encore un mystère qui vient s'ajouter à la longue liste des incertitudes.

LE RÔLE INVISIBLE DES AÉROSOLS

Le climat ressemble à un immense jeu de construction où chaque module, si petit soit-il, agit sur l'ensemble... Le moindre mouvement engendre un effet domino qui peut tout modifier et bouleverser les données. En voici l'illustration avec les aérosols.

Comment ces particules microscopiques peuvent-elles affoler l'échelle climatique ? Elles ont un rôle considérable, on le sait aujourd'hui, mais un rôle d'une fragilité et d'une inconstance inquiétantes.

Il paraît fou d'imaginer que ces aérosols sont déterminants dans le calcul du réchauffement mais, à eux seuls, ils peuvent justifier des écarts considérables dans les prévisions.

Les aérosols, qu'est-ce que c'est ?

Ce sont de minuscules poussières en suspension dans l'air. D'une taille invisible, de l'ordre du micron, ils occupent notre espace en flottant autour de nous, par milliards et à n'importe quelle altitude.

D'où viennent-ils ?

Il y a ceux qui ont été arrachés au sable du désert par le vent. D'autres proviennent de l'assèchement des embruns ou des algues. D'autres encore ont été expulsés par les volcans ou rejetés par les forêts. D'autres, enfin, émanent de la consommation humaine ou industrielle. C'est la pollution.

Les aérosols ont beaucoup plus d'effets près des zones à forte industrialisation comme l'Europe de l'Ouest, l'Amérique du Nord et l'Asie. Ils sont, dans l'atmosphère, un peu à l'image de ces nuées de poussières que l'on voit dans une pièce quand on balaye sous un rayon de soleil.

Leur impact sur le climat

Les aérosols jouent un rôle considérable dans notre climat, car ces minuscules poussières réfléchissent ou absorbent la lumière. Mieux, ils favorisent la condensation de la vapeur d'eau dans l'atmosphère, ils fixent les gouttes autour de leur noyau et, en quelque sorte, fabriquent la pluie. Bref, ils sont des filtres de chaleur et, à ce titre, ils refroidissent l'atmosphère. Ils compensent donc l'augmentation de la température sur le globe.

Mais dans quelle mesure agissent-ils vraiment sur le climat ?

Pour les chercheurs, leur impact est très partiel car les aérosols sont des particules éphémères qui, comme la poussière de la chambre, vont retomber. En retombant, ils ne pourront donc pas concurrencer les gaz à effet de serre qui, eux, s'accumulent et réchauffent l'atmosphère.

Alors, pourquoi en parlons-nous ?

D'abord, parce que leur rôle ponctuel est tout de même considérable. Par exemple, quand le Pinatubo (volcan des Philippines) a craché ses mégatonnes de dioxyde de soufre, il a jeté dans l'atmosphère, des milliards d'aérosols qui ont fait baisser la température de 0,5 à 1,5 °C aux latitudes les plus élevées. Le nuage de l'éruption s'est envolé à 20 kilomètres d'altitude et a fait le tour de la planète... Imaginons que ces aérosols ne soient pas retombés : on en mesure les conséquences sur le climat ! D'ailleurs, les chercheurs pensent que cette éruption pourrait avoir eu pour conséquence les ouragans Andrew et Iniki, qui se sont formés... un an plus tard !

De même, l'éruption du Chichon, au Mexique, en 1982, a propulsé un nuage à 35 kilomètres de haut. La température du globe a baissé de 0,3 °C.

Par ailleurs, les aérosols éclaircissent quelques mystères. On sait qu'ils produisent leurs effets le jour. En refroidissant, même légèrement, l'atmosphère, on comprend pourquoi le réchauffement est plus important la nuit que le jour.

Ils expliquent aussi pourquoi l'hémisphère Nord subit avec plus d'irrégularités la hausse du thermomètre, car les aérosols sont plus présents dans cette partie du globe, la plus industrialisée...

Mais voici un autre paradoxe : si les aérosols refroidissent l'atmosphère comme on le pense, et sachant qu'ils proviennent de la pollution, **tous les pays qui luttent contre la pollution suppriment les aérosols et réchauffent finalement leur atmosphère.**

Or, pour des raisons de santé publique, les pays développés s'attaquent résolument depuis plusieurs années à la dépollution, faisant ainsi grimper le thermomètre dans les grandes villes ! Et si l'on constate que la température sur le globe ne cesse d'augmenter, prend-on en compte ce paramètre ?

Allons plus loin. Connaître l'avenir des aérosols dans l'atmosphère, c'est prévoir le temps de la région. Ils sont en général pollueurs et présents dans les pays industrialisés. Les maladies qu'ils provoquent (asthme et insuffisance cardiaque) ont amené les politiques à lutter contre cette pollution dangereuse. Les législateurs vont donc améliorer la qualité de l'air, et l'on voit aujourd'hui les pays développés (Amérique du Nord et Europe du Nord) diminuer considérablement les seuils de pollution. Autrement dit, et compte tenu de leur pouvoir refroidissant, plus le ciel des villes sera pur et plus l'atmosphère va se réchauffer. Des simulations numériques démontrent que si l'on supprimait totalement la pollution, la température moyenne croîtrait de 1 °C.

Aujourd'hui, la grande question est donc de savoir sous quelle forme on doit introduire les aérosols dans les ordinateurs pour produire un modèle de réchauffement climatique. Selon la quantité d'aérosols avalés par les calculateurs, le réchauffement sera plus ou moins grand, ce qui justifie la très large fourchette d'augmentation de températures fournie par les experts.

Et si l'on parvenait à maîtriser et manipuler les aérosols pollueurs, pourrait-on agir sur le climat ?

OUI, mais nous ne pouvons pas mesurer l'ampleur du changement.

Ce qui est sûr, c'est que leur rôle et leur pouvoir ont toujours été sous-estimés. Les médias parlent volontiers de CO_2, oubliant ces petites particules qui absorbent l'énergie et réfléchissent la lumière, et donc refroidissent l'atmosphère.

Ces aérosols ont une présence régionale ou locale. Nous avons vu qu'ils ne restaient que quelques jours dans l'atmosphère... Ils agissent donc sur le climat très ponctuellement. Une ville industrielle crachant ses fumées et géographiquement encaissée n'aura pas la même température qu'une autre située à quelques kilomètres de là mais perchée sur une colline.

Pourquoi alors ne pas envisager le problème à l'envers ?

Il suffirait d'épandre ou d'injecter des aérosols dans des régions désertiques ou au-dessus des océans pour rafraîchir le climat. Cette éventualité est tout à fait sérieuse. Elle est même étudiée par les scientifiques. On imagine par exemple d'introduire les aérosols dans la stratosphère, où l'air est plus rare. Leur dépôt serait plus lent, de l'ordre de plusieurs mois, et les températures pourraient baisser...

LE PARADOXE NUAGEUX

Un nuage est constitué de toutes petites particules d'eau ou de cristaux de glace. Il se forme lorsque la vapeur d'eau refroidit avant de se fixer sur une particule solide. Ce peut être des cristaux de sable ou de sel marin, la suie d'un volcan, des embruns ou des substances d'origine polluante comme les rejets industriels.

Comment se forme un nuage ?

Prenez une casserole remplie d'eau, que vous chauffez. La vapeur se dégage, elle s'élève et puis elle refroidit. En refroidissant, elle se transforme en liquide qui se pose sur une particule de poussière : vous avez votre gouttelette d'eau ! Avec ses milliers de copines, regroupées au-dessus de la casserole, elle pourrait former un nuage.

Il existe plusieurs sortes de nébulosités, que l'on classe selon l'altitude :

– les nuages les plus élevés sont formés de cristaux de glace – c'est la catégorie des « cirro ». On les appelle cirrus, cirro-cumulus ou cirrostratus ;

– ceux de l'étage moyen sont composés de gouttelettes d'eau mélangées à des cristaux – c'est la catégorie des « alto », altocumulus ou altostratus ;

– enfin ceux de l'étage inférieur forment la catégorie des « strato », stratus ou stratocumulus. L'automobiliste les connaît et les redoute : c'est le brouillard, un stratus touchant le sol.

Et puis, en marge de cette classification, on retrouve les cumulonimbus et les cumulus. Ce sont des nuages à caractère instable ou orageux, qui se promènent à travers tous les étages du ciel.

Le rôle des nuages illustre de manière flagrante la difficulté de cerner l'évolution des températures de l'effet de serre.

Premier constat : quand les températures augmentent, il y a plus d'évaporation et donc plus de carburant nécessaire à la formation des nuages.

Je me souviens de cet auditeur d'Europe 1 qui m'écrivait fort courtoisement, il y a dix ans, à l'heure des premières alertes du réchauffement, que l'on n'avait rien compris : « S'il y a plus d'évaporation, disait-il, il y a plus de nuages, et donc plus d'ombre... Donc la hausse des températures est contrariée puisque, à l'ombre, il fait plus frais. » Finement raisonné...

Autre constat : la nuit, quand la couche nuageuse est épaisse, elle emprisonne la chaleur du jour et les températures nocturnes sont plus douces. On appelle cela la couverture nuageuse... si bien nommée.

D'où ce paradoxe récurrent : les nuages peuvent à la fois réduire les températures quand ils sont nos parasols naturels et augmenter les températures quand ils deviennent notre couverture de la nuit.

Comment faire la part des choses ?

Les chercheurs ont dû trancher et leurs conclusions s'appuient sur la nature nuageuse. Essayons d'être précis.

• Les nuages chauds de basse altitude empêchent une partie des rayons du soleil d'atteindre le sol. C'est « l'effet parasol ». Mais ces mêmes nuages retiennent également la chaleur du jour et l'empêchent de s'échapper : c'est l'effet « couverture ». Qu'est-ce qui l'emporte ? Les chercheurs affirment que l'effet parasol est prédominant. Conclusion : les nuages de basse altitude refroidissent l'atmosphère.

• Voyons maintenant les nuages froids de haute altitude. Eux retiennent une part importante de la chaleur qu'ils reçoivent du sol. Mais ils laissent passer une grande partie de l'énergie solaire. Là aussi, un double effet. Qu'est-ce qui l'emporte ? Les mêmes chercheurs disent qu'ils ont tendance à réchauffer l'atmosphère.

Résumons : **les nuages bas sont plutôt refroidissants, les nuages hauts plutôt réchauffants.**

Attention : ces deux constats auront une conséquence essentielle sur notre avenir climatique. Nous tenons ici la clé d'un mystère loin d'être élucidé.

Jean-Pierre Chalon[1], grand spécialiste français des nuages à Météo-France, s'interroge :

1. Voir référence bibliographique à la fin du livre.

« Comment réagira la couverture nuageuse à un tel réchauffement ? Si la température du globe augmente, les quantités de vapeur d'eau deviennent plus grandes et, en principe, on s'attend à voir se développer plus de nuages. Mais quel type de nébulosités ? Atténueront-ils le réchauffement en réduisant le rayonnement solaire incident ? Ou, au contraire, l'amplifieront-ils en augmentant encore l'effet de serre ? »

La réponse à ces questions, dit-il, est cruciale. Il conclut : « L'impact global des nuages sur le bilan radiatif de la planète est quarante fois supérieur à celui attribué aux variations des teneurs en gaz à effet de serre (dont le CO_2) enregistrées au cours de ces dix dernières années. Une petite variation de la couverture nuageuse ou une modification de la nature des nuages peut donc fortement réduire ou amplifier ces risques. » Autrement dit, il est impossible aujourd'hui de trancher entre la catastrophe et la simple péripétie climatique.

De nombreuses questions restent donc en suspens :

– Que deviendra la nébulosité dans le cadre du réchauffement climatique ?

– Les nuages vont-ils changer de nature ? Si leur répartition se modifie, la Terre va-t-elle se réchauffer un peu plus ou se refroidir ?
– Et, surtout, quel type de nuages va-t-on introduire dans les ordinateurs pour simuler l'avenir ?

Sans oublier le facteur suivant : **la nature des nuages est totalement différente selon les continents, ce qui explique en partie les différences de température observées d'un bout à l'autre de la planète.**

Tout ce que nous savons, le bon sens nous y conduit : c'est que les régions proches des océans sont soumises à toutes les masses nuageuses. Les zones désertiques, elles, en sont dépourvues. D'où l'idée que ce sont les régions déjà chaudes qui subiront de plein fouet le réchauffement.

Pardon pour ce raisonnement tortueux mais j'essaie de simplifier une mécanique compliquée et aléatoire. On ne sait rien sur le rôle des nuages et ils sont l'une des clés essentielles du réchauffement. La Terre peut donc nous surprendre et réagir « à sa manière » pour s'en sortir toute seule.

LES PÔLES, SENTINELLES DU RÉCHAUFFEMENT

Jadis, quand les mineurs descendaient dans leurs galeries, ils étaient précédés d'une cage dans laquelle un serin « pioupioutait ». S'il cessait de chanter, s'il tournait de l'œil, c'est que l'atmosphère devenait malsaine, voire mortelle, il fallait donc stopper toute progression car on pouvait craindre un coup de grisou. Le serin était leur sentinelle.

Le réchauffement a les siennes : les pôles. Tous les chercheurs le savent et vont faire tapisserie sur la banquise pour mieux l'observer. Les glaçons de la planète sont bien visibles, on les voit fondre, c'est spectaculaire et inquiétant. Mais que veulent dire ces sentinelles-là ? Que la fonte des glaces est naturelle ou que notre mode de vie l'a fait disparaître ?

À la limite, on pourrait se moquer de l'origine et ne s'inquiéter que des effets. La calotte glaciaire peut avoir ses humeurs, perdre les eaux (d'ailleurs elle l'a déjà fait dans le passé, nous le verrons), il n'empêche, l'événement doit être pris au sérieux.

Mais là non plus, rien n'est simple car l'Arctique et l'Antarctique ne répondent pas de la même manière à la hausse des températures. L'Arctique est plus vulnérable, la banquise y est plus mince, quelques mètres seulement. C'est une mer entourée de terres, elle fond donc plus vite. L'Antarctique, c'est l'inverse. C'est une terre entourée par l'océan austral. Il est plus stable, et c'est heureux, car s'il fondait au même rythme que le pôle Nord, le niveau des mers augmenterait, nous dit-on, de 60 mètres.

Ces régions de haute latitude sont, pour les chercheurs, une mine d'informations. En prélevant des carottes dans la glace, on plonge dans le passé et l'on apprend le climat des siècles précédents.

Mais beaucoup plus précieux sont les enseignements que l'on peut tirer de sa réaction actuelle.

D'abord une curiosité : le réchauffement exerce deux effets antinomiques. Les températures plus douces font pleuvoir, donc neiger sur la partie centrale qui se gorge de glace, alors que sur les bords la glace fond et se déverse dans la mer.

Vous le savez, les pôles sont de sérieux indicateurs et les chercheurs séjournent sur la banquise pour observer et analyser leurs soubresauts (expédition *Tara* dans l'Arctique). D'autres chercheurs ont vu la plate-forme de glace se détacher de l'île canadienne d'Ellesmere en 2005 et ils ont mesuré le recul de la banquise, qui pourrait disparaître d'ici à 2040.

Ils surveillent comme le lait sur le feu la calotte groenlandaise dont la fonte pourrait, on l'a vu, entraîner une modification du Gulf Stream.

Ils étudient enfin l'albédo, c'est-à-dire la capacité de la glace à réfléchir les rayons solaires (nous mesurons le phénomène l'hiver, en montagne, quand il est difficile de supporter le soleil sans lunettes noires).

Pourquoi l'albédo est-il aussi important ? C'est qu'il est à l'origine des températures polaires. Explication : l'albédo de la neige et de la glace est de 0,3 à 0,5... Autrement dit, quand un rayon vient frapper le blanc des surfaces neigeuses, il repart pour moitié dans l'atmosphère.

Si la neige fond, le rayon pénétrera dans le sol dont l'albédo est plus faible (0,1). Moins de réfléchissement... plus de chaleur. On comprend ainsi l'importance de l'albédo neigeux dans le maintien des températures froides sur les pôles.

Répétons : **plus la neige et la glace fondent, moins les rayons du soleil réfléchissent et plus il fait chaud !**

Le rôle impressionnant des glaces de mer

Nous devons en parler parce qu'on a tendance à les confondre avec les glaciers ou la banquise, et leur présence est cruciale.

Les glaces de mer se situent en surface. La mer gèle sur quelques millimètres et cette fine pellicule s'étend sur des milliers de kilomètres carrés. Cette peau glaciale s'appelle la « glace de mer ».

En Arctique par exemple, la mer gèle sur 8 millions de kilomètres carrés en été et 15 millions en hiver (en Antarctique, 4 millions l'été et 20 millions l'hiver). Cette pellicule minuscule isole l'océan des échanges avec l'atmosphère, modifie la salinité de l'eau et possède un pouvoir réfléchissant considérable.

Son rôle est donc capital car de son étendue va dépendre la température de toute cette partie du globe. C'est dire si, pour mesurer et prévoir l'évolution climatique, il est utile de connaître parfaitement la superficie et l'épaisseur des glaces de mer.

Or, en la matière, les incertitudes sont nombreuses.

Frédérique Rémy, du CNRS, et Raymond C. Smith, professeur à Santa Barbara (Californie), pointent les insuffisances. « On sait peu de chose, disent-ils, sur la mécanique des plates-formes de glaces flottantes et sur le rôle des océans dans leur fonte. La télédétection nous apprend beaucoup sur l'étendue mais peu sur l'épaisseur de ces glaces, or le paramètre est tout aussi déterminant. »

On en saura certainement plus quand l'Agence spatiale européenne aura lancé un satellite pour les observer, mais seulement dans quelques années.

Et l'on comprend leur inquiétude. Comment tenter d'expliquer un phénomène quand ses symptômes ne peuvent être mesurés avec précision ?

Après les pôles : la montagne... un réchauffement qui brouille les pistes...

Les glaciers de montagne en voie de disparition... ça ne date pas d'aujourd'hui !

Ils reculent en effet dans les Alpes, l'Himalaya, en Islande, dans les Andes ou en Patagonie. Une cinquantaine d'entre eux seulement sont mesurés régulièrement et il y en a plus de 100 000 dans le monde.

Mais le plus surprenant, c'est que leur fonte ne date pas d'aujourd'hui. Depuis cent ans, ils fondent beaucoup et regrossissent un peu. Un yo-yo dont la courbe générale dégringole. Les glaces du mont Kenya ont perdu 90 % de leur masse, le Kilimandjaro, 80 %, le massif alpin, 50 %.

Doit-on attribuer cette perte de masse glaciaire au réchauffement climatique ou à un phénomène naturel et cyclique ? Aux deux, probablement, ce qui illustre ici la thèse d'un réchauffement global dû à des causes naturelles majorées par le comportement humain.

Conclusion

Qu'il s'agisse des glaces de mer, du comportement des glaciers, de la banquise et des pôles, la déduction est évidente : ils offrent tous une preuve irréfutable du réchauffement climatique sans apporter de réponse sur l'origine.

Nous avons là une nouvelle source d'interrogations. Les deux sentinelles de la planète (pôle Nord et pôle Sud) sont formelles et confirment le réchauffement, mais sans réagir de la même manière.

Revenons sur la question essentielle : devons-nous attribuer ces bouleversements à notre comportement ?

Les leçons du passé sont troublantes.

Lors de la dernière glaciation, les variations marines et glaciaires furent très brutales. En moins de cent ans, le Canada et le Nord de l'Europe furent recouverts d'une immense calotte glaciaire. C'était il y a 20 000 ans. Plus tard, il y a 11 000 ans, l'Atlantique Nord s'est brusquement réchauffé et tout est rentré dans l'ordre. Les historiens expliquent et décrivent ainsi le scénario : la calotte lâche ses icebergs dans l'Atlantique Nord, l'eau douce rejetée dans la mer modifie le tapis roulant et dévie le Gulf Stream. La pompe à chaleur véhiculée par cet immense tapis est donc bloquée. Les températures baissent, la calotte se reforme plus au sud, au niveau de l'Europe du Nord. Puis, l'apport en eau douce s'arrête, le tapis roulant repart et les eaux chargées de douceur retrouvent leur circulation. Le Nord de l'Europe se réchauffe.

Le climat retrouve ses marques.

Voilà un schéma qui pourrait ressembler à celui que nous pourrions vivre. Le rapprochement est séduisant mais peu probable dans des délais aussi courts. Une certitude cependant : nous sommes entrés dans une période de changement climatique naturel comme il en existe des dizaines dans l'histoire géologique de la Terre, une histoire qui date de 4,5 milliards d'années.

Tout au long de la vie terrestre, le climat n'a fait que changer. Les calottes glaciaires, les forages montrent depuis 800 000 ans une alternance de périodes chaudes et de périodes froides.

Les pôles disparaissent ? Vivent les pôles !

Les politiques ont déjà anticipé et réagi. La Russie de Vladimir Poutine vient de planter son drapeau à 4 000 mètres de profondeur sous le pôle, marquant ainsi son territoire national. Les candidats ne manquent pas. La calotte glaciaire arctique peut se répartir entre le Canada, le Danemark, la Suède, la Norvège, la Finlande, la Russie et même les États-Unis. Mais les Lapons, les Inuits ou les Aléoutes n'ont-ils pas aussi voix au chapitre ?

Bref, ça chauffe sur la banquise et l'espoir de trouver du pétrole renforce les convoitises.

L'homme est génial ! Il est prêt à se battre sous la glace pour un bidon de pétrole. C'est peut-être cela avoir « l'essence de l'humour » ! Plus sérieusement, les dernières images transmises par la NASA ont démontré, fin septembre 2007, que de nouveaux records de fonte venaient d'être battus au pôle Nord.

Pour les chercheurs, c'est certain, les glaces d'été vont disparaître dès 2020, et non 2050 comme ils l'avaient précédemment estimé.

Les sentinelles le claironnent : les pôles vont disparaître. Nous y sommes : le globe se réchauffe, mais nous attendons encore la réponse : qui est le responsable ?

LES ARBRES, POMPES À CARBONE

Les arbres sont comme tous les êtres vivants : ils respirent, s'alimentent, transpirent et se reproduisent.

Ils s'alimentent en grande partie par le sol en y puisant les sels minéraux et l'eau nécessaires. Ils transpirent par leurs feuilles, ils se reproduisent par leurs fleurs (mâle et femelle). Certains arbres sont asexués, les platanes par exemple, les érables, les frênes ou les tilleuls. Ils se reproduisent par leurs racines : c'est le marcottage.

Ce qui nous intéresse ici, c'est la respiration. Elle actionne les mécanismes qui mettent en jeu l'oxygène et le gaz carbonique, de façon permanente, c'est-à-dire jour et nuit et en toutes saisons. Par leurs stomates ou par leurs racines, les arbres, comme nous, absorbent de l'oxygène et rejettent du CO_2 et de la vapeur d'eau. La consommation d'oxygène est même très importante au printemps. Elle est maximale en période de croissance et se ralentit quand l'arbre vieillit. En clair, une forêt respire, absorbe de l'oxygène et rejette du carbone.

Mais, fort heureusement, elle a une fonction inverse : c'est la photosynthèse. Par ses feuilles, l'arbre absorbe du gaz carbonique et rejette de l'oxygène sous l'effet de la lumière. La photosynthèse n'a donc lieu que le jour, en période de végétation (quand les feuilles sont là) et par des températures supérieures à 4 °C. Pour les arbres à aiguilles, elle a lieu toute l'année, mais de manière plus atténuée.

Résumons : **les forêts absorbent du CO_2 par la photosynthèse et rejettent ce même CO_2 en respirant.**

Mais dans quelles proportions, et, surtout, qui l'emporte ?

Parmi toutes les études réalisées, retenons celles des Canadiens en forêt de Montmorency, un massif expérimental de sapins et d'épicéas situé au Québec.

Bilan : la photosynthèse absorbe 1 kilo de carbone par mètre carré et par an et l'arbre rejette en respirant 0,5 kilo de carbone par mètre carré et par an (0,25 par les racines, le reste par le tronc et les branches). L'arbre absorbe beaucoup plus de carbone qu'il n'en restitue.

Conclusion

Une forêt en croissance accumule et absorbe plus de carbone par la photosynthèse qu'elle n'en libère par la respiration.

Quand elle arrive à maturité, tout s'équilibre.

La forêt est donc un puits de carbone.

En France, l'Inra a mesuré l'absorption du CO_2 sur une hêtraie de Moselle. Elle a entouré le site d'échafaudages pour effectuer les mesures. Les résultats de ces mesures indiquent que la hêtraie capture 2 à 4 tonnes de carbone par hectare et par an. La France peut encore accroître le captage du CO_2 en plantant de nouvelles espèces à croissance rapide sur des terres agricoles incultes.

Forêts tropicales : on a tout faux !

La bombe a éclaté au mois de juin 2007. Et cette information illustre à la fois la fragilité des études des chercheurs et leur travail acharné pour approcher la vérité. Jusqu'alors les scientifiques affirmaient que les forêts de l'hémisphère Nord absorbaient 2,4 milliards de tonnes de carbone par an et les forêts tropicales, 1,8 milliard seulement. De nouvelles mesures prouvent le contraire. On vient d'apprendre que les forêts tropicales absorbent des quantités astronomiques de carbone et le stockent.

Pourquoi une telle différence ? C'est tout bête. Jusqu'à présent, on calculait le CO_2 en plaçant les capteurs à la hauteur des arbres. Mais si l'on place ces mêmes capteurs dans des avions qui survolent la forêt à 5 000 mètres d'altitude, le résultat est totalement différent. Les forêts tropicales absorberaient plus de 3 milliards de tonnes de carbone. On a découvert que 1 milliard de tonnes de carbone a glissé des forêts du Nord vers les forêts tropicales. Quelle monumentale erreur !

Sylvestre Huet, journaliste spécialisé, a rendu hommage, dans *Libération*, début septembre, à ces chercheurs internationaux qui ont travaillé d'arrache-pied pendant dix ans à établir cette vérité, « alors que tous les modèles en vigueur prétendaient s'en passer ». « Tout était faux » ! renchérit Philippe Ciais, chercheur au Laboratoire des sciences du climat et de l'environnement. La nouvelle donne va bouleverser toute la politique à mener dans ces pays tropicaux, du Brésil aux Philippines en passant par le Congo, car 47 % de la surface forestière mondiale est constituée de forêts tropicales.

L'erreur, c'est vrai, est énorme. Peu importe si elle accentue ou minimise le réchauffement mais, sans stigmatiser le travail remarquable des chercheurs, cette nouvelle donne illustre le tâtonnement de la recherche. Beaucoup diront : « Si on attend d'être certains, on ne fera rien et ce sera trop tard. »

C'est sûrement vrai. Je ne dis pas qu'il ne faut rien faire et nous verrons que notre intérêt économique, social et personnel nous conduit à agir. Mais nous découvrons tous les jours, nous apprenons tous les jours... Aussi gardons-nous de conclusions hâtives : les calculs d'aujourd'hui sont peut-être les erreurs de demain.

ET SI LE SOLEIL ÉTAIT NOTRE THERMOSTAT ?

C'est une opinion partagée par certains scientifiques qui affirment, avec bon sens, que le Soleil étant notre unique source de chaleur, il agit forcément sur le climat. Il subirait même des variations d'intensité : minimum solaire ou maximum solaire, en dépit d'une théorie qui veut qu'il apporte une énergie constante. Ces fluctuations pourraient provenir de la présence ou non de « taches » sur le Soleil.

Ces taches fluctuent tous les onze ans environ. Certaines études suggèrent qu'un minimum solaire ferait baisser les températures de 0,5 à 1 °C et que cette baisse se concentrerait sur l'Europe et l'Amérique du Nord.

Selon les astronomes, plus il y a de taches, plus l'éclairement et la chaleur sont importants. Si elles disparaissent, il fait froid.

C'est une thèse qui s'est vérifiée au moins

une fois dans l'histoire. L'astronome Maunder constate que, entre 1645 et 1715, le Soleil perd ses taches. Fait-il pour autant plus froid ? Eh bien oui. L'épisode correspond précisément à la période du « petit âge glaciaire », tristement célèbre et bien connu des historiens.

Pendant soixante-dix ans, les vagues de temps glacé se succèdent. En France, l'hiver 1693-1694 est terrible : 2 millions de personnes meurent de froid sous le règne de Louis XIV... La Seine et la Loire sont gelées. Toute l'Europe du Nord est touchée par ce phénomène. En Grande-Bretagne, la Tamise gèle également à plusieurs reprises. Tous les artistes s'en inspirent et témoignent : Bruegel l'Ancien multiplie les paysages de neige dans ses tableaux et madame de Sévigné raconte ses étés blottie au coin du feu. Nous verrons que le petit âge glaciaire a duré près de trois siècles.

Alors y a-t-il corrélation entre l'absence de taches sur le Soleil et le froid terrible de cette période glaciaire ? Nous aurions là un début de réponse à nos brusques fluctuations climatiques. Les scientifiques ne sont pas formels, mais l'histoire des taches les intrigue.

En tout cas, en ce qui concerne le réchauffement, ils bottent en touche. D'après G. Thuillier, un chercheur français, les variations solaires n'apporteraient qu'une infime contribution aux soubresauts climatiques. En somme : oui, la Terre se réchauffe, mais ce réchauffement, selon le chercheur, serait dû pour 30 % à l'activité solaire et pour 70 % à l'effet de serre. Plus inquiétante est sa conclusion : « L'activité solaire est en augmentation depuis 1800 et ce réchauffement naturel pourrait se conjuguer à celui de l'effet de serre. »

Si je résume : **on ne peut imputer au Soleil la responsabilité majeure du réchauffement, mais son activité aggrave la situation.**

Le Soleil agit donc, avec mesure, sur notre climat et le credo des scientifiques s'affiche sous la forme du fameux « consensus » : les spécialistes affirment aujourd'hui que « l'effet de serre demeure le principal acteur du réchauffement de la planète ». Et cependant...

En parlant avec certains chercheurs, j'ai pu constater que le lien entre climat et Soleil restait un sujet tabou. En fait, on sait peu de chose sur la relation entre l'activité solaire et son éclairement. La fameuse « constante solaire » n'est pas si constante que cela.

Édouard Bard, professeur au Collège de France, rapporte des conclusions d'astrophysiciens sur l'activité magnétique du Soleil, son éclairement et ses taches. Selon ces études, dit Édouard Bard, le Soleil serait aujourd'hui dans une phase ascendante, sur la route d'« un optimum chaud de quelques siècles ».

Tiens ! Et si, en chauffant plus, le Soleil était en fait le principal responsable de la poussée de CO_2 dans l'atmosphère ? Nous serions là au cœur d'une théorie totalement opposée à celle du réchauffement anthropique.

Appuyons là où ça fait mal : si le Soleil a quelques excès, il envoie un peu plus de chaleur. Conséquence immédiate, la Terre s'échauffe, les océans transpirent. Cette chaleur élève le taux de CO_2 et l'effet de serre se renforce, ce qui accroît encore le réchauffement.

Avec cette théorie, c'est le Soleil qui provoque la hausse du CO_2, une thèse, avouez-le, révolutionnaire, car ce scénario minimise le rôle de l'homme et nous fait sortir du sacro-saint consensus planétaire...

Mais tout de même... on étudie aujourd'hui dans le milieu scientifique les conséquences gigantesques que pourrait avoir une simple petite poussée solaire. Elle suffirait à modifier l'équilibre océan-atmosphère. Je vous rappelle que l'océan est le carburant de l'atmosphère. C'est lui qui l'alimente en énergie.

Selon certains chercheurs, il suffirait d'une infime quantité de chaleur supplémentaire pour décupler cet échange et, pourquoi pas ? pour le dérégler.

Mais ces chercheurs ont-ils voix au chapitre ? NON. Il a été décidé que le Soleil n'avait aucune influence sur le réchauffement, et on va s'en tenir là. Tout au plus admet-on qu'il joue un rôle aggravant. Avouez que cette pensée unique a de quoi irriter...

Oserai-je évoquer la théorie de l'astronome serbe Milan Kovitch ? Il a démontré que la température sur la planète variait selon un cycle déterminé par l'excentricité de l'orbite terrestre, l'inclinaison de l'axe de rotation et sa précession (sa rotation sur cet axe). En clair, la Terre tourne autour du Soleil en sortant de sa circonférence, elle s'incline et bougeotte sur l'axe d'inclinaison. Une Terre qui vit, qui se meut, qui tremble est une Terre qui s'approche ou s'éloigne de son astre. Elle subit forcément des variations de chaleur.

Gardons-nous d'en conclure que les sursauts solaires peuvent influencer le climat car nous sortirions du fameux consensus !!!

Aujourd'hui, on semble tout imputer à notre mode de vie sans approfondir le comportement de notre unique source de chaleur et de lumière. Et, pourtant, le flou qui entoure ce sujet est inquiétant car nous avons besoin de savoir comment agit le Soleil et comment bouge la Terre pour expliquer le réchauffement.

Je ne comprends pas pourquoi on délaisse autant la recherche en ce domaine. Tout se passe comme s'il fallait s'appuyer sur le gaz carbonique car il est simple à mesurer et idéal pour nous culpabiliser.

OÙ SONT LES COUPABLES ?

LES RAISONS DE DOUTER

Le réchauffement climatique emballe les idées et les passions. Si tout le monde, ou presque, s'accorde sur le réchauffement, les divergences apparaissent sur les causes. Est-il naturel ou anthropique ? Tout au long de ce livre j'aurai posé cette même question centrale.

Quelques acharnés, voire récalcitrants, comme Marcel Leroux[1], affirment que l'effet de serre est dû non au CO_2 mais à la vapeur d'eau, qui représente 60 % des gaz constituant l'enveloppe atmosphérique.

La vapeur d'eau, d'origine naturelle, serait la cause essentielle du réchauffement. Il admet tout de même que les activités humaines agissent sur l'effet de serre mais de manière insignifiante (le

---

1. Professeur de climatologie, ancien directeur au CNRS, membre de l'American Meteorology Society.

CO_2 représentant 21 % de l'ensemble des gaz). L'homme, dit-il, n'est en rien responsable de ce qui se passe. D'ailleurs, beaucoup d'auditeurs d'Europe 1 qui m'écrivent sur le sujet évoquent cet aspect du problème. Jean-Pierre Aumaire, de Coulommiers (Seine-et-Marne), me rappelle dans son courrier que le premier à avoir douté fut Haroun Tazieff.

À l'opposé, le GIEC et ses experts nous engagent à changer de mode de vie. Plus proche de nous, Nicolas Hulot prône la révolution écologique après les révolutions agricoles, industrielle et technologique, et le GIEC, prix Nobel de la paix en 2007, a réussi à convaincre l'ensemble, ou presque, de la planète du bien-fondé de ses thèses.

Mais les interrogations demeurent, et elles sont de taille.

Peut-on « globaliser » le climat ?

En la matière, les moyennes ne veulent rien dire tant les disparités sont grandes entre les continents et les régions. Nous avons vu l'énorme différence entre l'Arctique et l'Antarctique. L'un fond, l'autre ne bouge presque pas.

Pour réconcilier tout le monde, on parle maintenant de températures « globalement » en hausse mais avec des conséquences régionales variées. Canicule en Europe centrale, pluies diluviennes en Europe de l'Ouest, ce fut, souvenez-vous, le cas l'été 2007. Vagues de froid aux États-Unis, chutes de neige en Inde... la même année. Les exemples fourmillent : la planète ne se comporte pas de manière uniforme. La température augmente dans certains pays et diminue dans d'autres, nous y reviendrons.

Les mesures du carbone sont-elles fiables ?

En météo, plus on observe et mieux on prévoit. Une bonne prévision résulte donc d'un maillage très serré. Si l'on pouvait relever pour tous les mètres carrés la température, la pression, l'humidité d'une colonne d'air, et si les ordinateurs pouvaient tout ingurgiter, nos prévisions seraient d'une fiabilité remarquable. Or ce n'est pas le cas. Le maillage de la planète a donc une importance essentielle... Il en va de même en climatologie. Un scénario, une perspective se dessinent grâce aux mesures et à leur évolution.

Or le taux de CO_2 relevé au niveau du sol est insuffisant et très inégal. Des milliers de régions sont inaccessibles et l'on prélève ce taux de dioxyde en général dans les villes, donc dans les secteurs où la pollution est majeure.

Quant aux mesures atmosphériques, elles sont si clairsemées qu'il est difficile de localiser les sources de CO_2 et les puits de carbone, c'est-à-dire l'absorption et le rejet de ce gaz. **On ne dispose que d'une centaine de stations de mesure atmosphérique en continu dans le monde ! Il y a donc de vastes zones où l'on ne fait aucun prélèvement, notamment en Sibérie, en Afrique et en Amérique du Sud.** J'avoue ne pas bien comprendre comment on peut tirer des conclusions aussi graves et aussi importantes avec des mesures aussi parcellaires...

Des résultats fiables et complets ne sont attendus que dans deux ans, au minimum.. Philippe Ciais, directeur adjoint du laboratoire des sciences du climat, et Berrien Moore, professeur dans le New Hampshire, avancent qu'il faudra attendre 2009, c'est-à-dire le lancement du satellite OCO (Orbital Carbon Observatory). « Le satellite enregistrera le contenu moyen en

CO_2 de chaque colonne d'air de l'atmosphère. Et là, disent-ils, nous aurons mis en place une infrastructure indispensable à la compréhension du cycle du carbone et à celle de sa perturbation. »

Les mesures des températures sont-elles fiables ?

Parlons donc des températures, le grand acteur du débat. Dire qu'elles augmentent, c'est bien sûr les mesurer mais c'est aussi les comparer. Or, depuis cent ans, le paysage des mesures a changé. Je m'explique : les thermomètres sont, en général, placés dans les agglomérations ou autour d'elles. Mais dans les villes, l'urbanisation galopante a multiplié les habitants, faisant de chaque cité une bulle de plus en plus chaude, et d'autant plus chaude que la population est nombreuse. En France, le dernier recensement est éloquent. Le monde rural se vide et le pays devient urbain ou suburbain. Cela signifie que les deux tiers de la population se concentrent dans et autour des villes. Ce phénomène n'est pas spécifiquement français puisque, dans la plupart des pays du monde, les gens s'entassent dans les villes, là où il y a du travail.

« Plus l'agglomération est dense et plus elle est chaude », clame Claude Fons, ingénieur météo, qui brandit une étude américaine démontrant le rapport entre le nombre d'habitants et la hausse du thermomètre. Si une ville s'accroît de 1 million d'habitants, la température s'accroît automatiquement de 2 °C. Exemple : la station météo de Paris-Montsouris, créée il y a 145 ans, était alors en marge de la ville. Elle est aujourd'hui au milieu de Paris et la température a forcément augmenté puisque la ville, avec ses nouvelles habitations, le métro, le chauffage, s'est échauffée naturellement et que la population s'est accrue.

Autre exemple frappant : tous les matins, on constate que l'écart entre Orly, situé dans la bulle chaude parce que entouré d'habitations, et Roissy, dans la plaine de France, est de 3 à 4 °C... Idem à Lyon-Bron et Lyon-Satolas. Dès que l'on s'approche d'une ville, la chaleur qu'elle émet ajoute quelques degrés.

Et quand cela n'est pas le cas, à Cherbourg, par exemple, la municipalité demande que l'on déplace la station météo au centre-ville pour que la capitale du Cotentin ne figure pas parmi les villes les plus froides de France dans les bulletins météo radio ou TV. Plus cocasse encore : dans les années 1970, à Nice, où les relevés météo s'effectuent sur l'aéroport en bord de mer, la municipalité a fait installer un thermomètre dans le parc de la mairie et a chargé un employé de transmettre les valeurs, plus douces, à la météo nationale.

Pour déterminer avec exactitude la hausse des températures depuis cent ans, il aurait fallu que le thermomètre soit placé dans le même contexte environnemental.

L'accroissement des températures que l'on attribue au réchauffement du climat est aussi dû en partie à la concentration humaine dans les villes. Toute mesure doit donc être pondérée... d'autant que la dépollution, fort heureusement très efficace, supprime, nous l'avons vu, bon nombre d'aérosols et réchauffe donc l'atmosphère des villes...

Parlons enfin des différences entre les températures de l'atmosphère et celles relevées au sol.

Les modèles du GIEC affirment que les températures atmosphériques sont deux à trois fois plus importantes que celles relevées au niveau du sol. FAUX, rétorquent les auteurs d'une étude récente (publiée en décembre 2007) dans la revue britannique *The International Journal of Climatology of the Royal Meteorological Society*.

L'étude a été réalisée par David Douglass, climatologue à l'université de Rochester, et par Fred Singer, professeur de climatologie à l'université de Virginie. « Si l'on tient compte, disent-ils, de l'effet refroidissant des nuages et de la vapeur d'eau, on constate que la température relevée par les satellites et les ballons n'excède pas celle observée au sol. » Leur conclusion va même plus loin : « La tendance actuelle s'inscrit dans un cycle naturel de réchauffement et de refroidissement du climat depuis des millénaires. » Ils ajoutent : « La question de savoir si les humains peuvent ou non produire un changement de climat n'est pas encore résolue. On peut seulement y répondre avec des prélèvements de données réelles et non pas avec des modèles théoriques. » Leur argumentation s'appuie sur des relevés de températures qui montrent que le climat terrestre s'est réchauffé « entre 1900 et 1940, bien avant que l'humanité brûle les énormes quantités d'hydrocarbures d'aujourd'hui [...]. Et le climat s'est refroidi entre 1940 et 1975 alors que la combustion de pétrole et de charbon augmentait [...]. Ce qui ne colle pas avec les modèles du GIEC. »

La Terre en a vu d'autres !

Depuis vingt ans, j'observe jour après jour les cycles des saisons à travers mes bulletins météo. Récemment, j'ai pu noter l'évolution vers le haut des températures de la nuit, l'absence de neige dans les villes, les caprices des anticyclones, qui peuvent s'installer un mois durant et nous quitter deux ou trois mois, un phénomène récent et spectaculaire... Je note également que nous battons des records, en général de douceur, mais je n'exclus pas à l'avenir des coups de froid extrême.

Ces à-coups, ces variations brutales, sont imputables au réchauffement climatique, nous disent les experts. Et cependant ils ont toujours existé. L'histoire de la climatologie en est truffée. Il suffit de se pencher sur les œuvres d'Emmanuel Le Roy Ladurie pour en être convaincu.

Voici quelques exemples, glanés en France, qui illustrent ces contrastes violents, d'année en année, et même d'une année sur l'autre.

1806 : été pourri, hivernal et pluvieux.

1807 : été caniculaire, l'orge et le blé grillent sur pied. La révolte paysanne gronde.

1856 : printemps d'inondations.

1857 : sécheresse estivale, la Seine est au plus bas.

1859 : canicule la plus forte du XIXe siècle.

1860 : été glacial, mistral et tramontane renversent les wagons dans les gares.

1869 : vague de froid, 10 centimètres de neige à Paris.

1870 : canicule d'été, 41 °C à Poitiers et, quelques mois plus tard, de novembre 1870 à mars 1871, terrible hiver, – 16 °C à Montpellier, 1 mètre de neige dans le Roussillon.

1879 : vague de froid phénoménale en décembre, – 24 °C à Paris, – 30 °C à Nancy.

1880 : deux mois plus tard, en janvier, redoux spectaculaire, le pont des Invalides est emporté par les blocs de glace...

Cela se passerait aujourd'hui, on crierait au réchauffement climatique...

Dans le même esprit :

1891 : hiver glacial, la Seine gèle à Paris et la Loire est sous la glace. Un an plus tard : été 1892, c'est la canicule dans ces mêmes régions avec plus de 40 °C. Bref, la liste est interminable et montre que le climat a toujours eu des sautes d'humeur d'ampleur effrayante.

À ces époques, rappelons que les émissions de CO_2 étaient toutes naturelles et, surtout, que la pollution industrielle était à peine perceptible... Et puis il n'y avait pas les moyens actuels de communication pour amplifier et analyser les phénomènes. On se pliait aux lois du ciel. Seules les processions et les incantations divines soulageaient les gens et redonnaient espoir... Mais l'histoire montre que le climat a toujours joué dans les extrêmes.

Quittons un instant les sursauts pour les grandes tendances beaucoup plus lointaines...

Premier tableau : il y a 18 000 ans.

L'homme de Cro-Magnon a froid, la température du globe est inférieure de 4 °C à la nôtre. La mer de Norvège est une banquise, les côtes bretonnes sont prolongées par une mer de glace jusqu'à 300 kilomètres au large de Brest. Les icebergs circulent dans le golfe de Gascogne.

Deuxième tableau : plus près de nous, il y a 8 000 ans.

Nouveau changement de décor. Le climat devient chaud, humide. Le Sahara est tout vert, les peintures rupestres montrent des vaches broutant l'herbe grasse.

Troisième tableau : encore un bond dans l'histoire.

Nous voici dans le dernier millénaire avec deux événements climatiques extrêmes : l'optimum médiéval et le petit âge glaciaire. Ils ont marqué notre histoire climatique, nous devons donc les observer de près.

L'optimum médiéval va s'étendre de 900 à 1300 et cette période sera marquée, pour l'anecdote, par l'apparition de vignobles dans les îles Britanniques et, pour le spectaculaire, par l'arrivée des Vikings au Groenland (en français, le « pays vert »...). Le confort de vie n'est pas excellent, mais Erik le Rouge réussit à rassembler 3 000 personnes réparties sur 280 fermes, qui vont y rester près d'un siècle.

Cet optimum médiéval a son importance puisqu'il se rapproche de l'évolution qui nous est annoncée. Il semble avoir eu une forte ampleur, mais a-t-il dépassé les frontières de l'Occident ? Certains climatologues l'ont mis en doute en disant qu'il n'était qu'européen, mais de plus en plus d'études montrent le contraire. Shaopeng Huang, de l'université du Michigan, a recensé 6 000 forages répartis dans le monde, et la conclusion de cette chercheuse est formelle : au Moyen Âge, ce réchauffement a bien eu lieu sur toute la planète. Son collègue Scott Stine, de Berkeley (Californie), soutient la même thèse en parlant des nombreuses sécheresses dans cette partie de l'Amérique. L'optimum médiéval aura donc duré quatre siècles avec des sursauts divers. Il sera marqué par des sécheresses extraordinaires, en 1241 (durant neuf mois), puis 1244, 1248, 1252, etc. Le XIIIe siècle fut surnommé « le beau » en raison de ses conditions météo.

Mais cette globalité chaude fut émaillée d'hivers terribles : 1076-1077, les fleuves sont gelés jusqu'en Italie et en Espagne. Le Rhin reste sous la glace pendant cinq mois. Globalité chaude émaillée également d'étés pourris (1258). Globalité chaude mais avec deux décennies très fraîches (1150 et 1190). Bref, quand on analyse sur la durée cette période climatique, on constate une grande tendance au réchauffement et des dizaines d'exceptions de froid ou de pluies.

Ceci peut-être pour nous ramener à la raison...

Notre réchauffement à nous date d'une trentaine d'années, mais il s'inscrit dans un mouvement de refroidissement. Avant l'explosion des gaz à effet de serre dont on nous parle beaucoup, les spécialistes avaient décrété le refroidissement de la planète.

Alors notre réchauffement vient-il stopper cette tendance « fraîchissante » ou est-il seulement une parenthèse ? L'optimum médiéval s'évalue sur trois siècles, nous raisonnons sur trente ans...

L'optimum médiéval s'est donc achevé à la fin du XIVe siècle, les Scandinaves, héritiers d'Erik le Rouge, ont disparu du Groenland, notamment victimes de la banquise... **Progressivement, la Terre va retrouver son « équilibre » puis se diriger vers une autre période tout aussi extrême : le petit âge glaciaire.**

La transition entre ces deux époques fut d'ailleurs mouvementée.

La chaleur des étés s'estompe dès 1300, puis viennent les fortes pluies de 1315 à 1317. Le règne de Louis X le Hutin est marqué par une famine terrible. Les récoltes sont désastreuses, il pleut sans interruption. On estime que 10 % de la population va mourir de faim ou de maladie en France, en Belgique, aux Pays-Bas, en Allemagne ou en Angleterre.

Puis la décennie 1340 renoue avec la pluie. Il pleuvra énormément en 1374 et 1375. La famine s'installe en Italie et dans le Languedoc. Autre curiosité climatique : des pluies diluviennes à Montpellier entre février et juillet 1374.

Un petit bond dans le temps nous amène en 1414 et là nous allons vivre vingt ans de douceur et même de chaleur. Puis virevoltent les années : 1529 est la grande année sans été (comme le sera 1816), 1540 connaît l'été le plus chaud, une chaleur terrible au point que l'on traverse le Rhin à pied.

Bref, entre 1300 et 1550, d'année en année, le climat a sautillé d'excès en excès sans s'inscrire dans une tendance particulière. En prenant tout le recul de l'historien, ces brusques variations s'annulent et fournissent une courbe assez stable. Dès que l'on prend un peu de hauteur, les moyennes s'aplatissent comme pour nous montrer que, en annonçant l'apocalypse à la vue des trente dernières années, nous réagissons le nez dans le guidon et qu'il peut encore se passer bien des choses en matière climatique dans les décennies qui viennent.

Alors, que s'est-il passé dans l'histoire après 1550 ? Nous allons entrer à cette date dans la petite période glaciaire que les historiens englobent dans la fourchette 1550-1850...

Retour au livre de référence d'Emmanuel Le Roy Ladurie. On y apprend qu'après s'être tant bien que mal stabilisé le climat va de nouveau s'affoler, mais cette fois vers le grand froid.

La chronologie des désastres n'est pas la même selon les pays.

La Suisse, par exemple, sera touchée à partir de 1570 avec l'Ouest de la Hongrie, la basse Autriche et l'Allemagne.

En 1572-1573, tous les lacs d'Europe gèlent progressivement. En 1585-1586, c'est une vague d'inondations, de froidure et d'intempéries partout en Europe.

Entre 1590 et 1600, nous vivons soudain dix ans d'hivers terribles et consécutifs. Les glaciers atteignent des niveaux records. Shakespeare parle dans *Le Songe d'une nuit d'été* d'un « hargneux hiver » : « Les frimas à tête blanche se répandent jusque dans le sein frais des roses cramoisies », et il évoque un « climat brouillé qui dérange les saisons ».

Puis vient le miracle : 1635-1639. Les étés sont caniculaires, les rivières sont à sec, les épidémies de dysenterie se multiplient. Le froid ressurgit brutalement entre 1640 et 1650. Les révolutions se succèdent en Catalogne, au Portugal, en Angleterre, aux Pays-Bas. Le prix du pain jette les populations dans les rues, en Grande-Bretagne, en France et en Allemagne.

Mais... nouvelle volte-face du climat : en 1660, le soleil enflamme l'Europe. Le prix du blé s'effondre tant les récoltes sont abondantes et madame de Sévigné, également cultivatrice, écrit : « Je crie famine sur un tas de céréales. » Sa trésorerie est à sec.

Je ne peux ici livrer toute la chronologie des périodes glaciales et des étés chauds. Mais entrons de plain-pied dans la petite période glaciaire en 1693, où 1,3 million de Français vont mourir de faim et de froid. Puis vient l'hiver 1709, le plus terrible de l'histoire. Il ne fera « que 600 000 » morts... À Paris, trois semaines durant, les températures sont inférieures à – 10 °C. L'Èbre, en Espagne, est sous la glace, il gèle aussi à Naples et à Cadix. La vigne et les oliveraies de Provence sont anéanties. Les lacs de Constance et de Zurich sont gelés. Toute l'Europe grelotte et meurt. Nous vivons cet hiver 1709 avec précision grâce à Louis Marin, « observateur de thermomètre » sous Louis XIV. À la Cour, il fait entre – 10 et – 15 °C.

1740 : l'année est catastrophique. Elle sera froide de bout en bout, rapporte Frédéric Decker sur « www.meteo.org », mais surtout pluvieuse. Après les gelées terribles de l'hiver, la pluie du printemps... un été pourri et un automne glacial. Le complet ! Imaginons aujourd'hui les manchettes des journaux avec un tel climat. Il gèle pendant les vendanges. Les bassins de la Loire, de la Seine, du Doubs, de la Charente, sont inondés plusieurs semaines.

Quand le petit âge glaciaire se termine-t-il ?

Les historiens datent sa fin de 1850, après les deux dernières révolutions, celles de 1830 et de 1848, chacune d'entre elles étant due en partie à des crises agricoles consécutives à des inondations meurtrières et à des hivers terribles. D'ailleurs, selon Le Roy Ladurie, les trois grandes révolutions : 1789, 1830, 1848, ont toutes été mises en musique par des émeutes de subsistance dues à une météo exécrable.

La Terre retrouvera ensuite un climat modéré, tempéré, avec une tendance aux hivers doux qui s'amorce à partir de 1896, un peu comme si la planète voulait souffler. Finalement, nos tempêtes, nos canicules ne sont que des épiphénomènes dans un contexte climatique beaucoup moins agité que par le passé. Nous entrons donc dans une période de réchauffement global mais avec des excès qui sont, fort heureusement, pour l'instant, supportables.

CLIMATO N'EST PAS MÉTÉO

En parcourant à grandes enjambées les huit siècles qui suivent l'an mil, nous avons fait parler la climatologie et avons porté un regard global et durable sur le temps qu'il a fait.

En prenant de la hauteur, on mesure les formidables écarts de température d'une année sur l'autre et les soubresauts terribles et soudains des conditions météo.

Si de tels mouvements anarchiques survenaient aujourd'hui, on devine la panique qu'ils provoqueraient... À cette époque, l'information ne dépassait guère le canton. Voilà donc la climatologie, une discipline qui se détache du quotidien pour prendre du recul et tenter d'expliquer des phénomènes que l'on n'appréhende que dans la durée. C'est dire que climato n'est pas météo.

La météorologie, elle, prévoit essentiellement le temps à venir sans trop s'appuyer sur les années qui précèdent. Malgré tout, la météo, je le répète, a fait des progrès considérables grâce aux satellites et aux ordinateurs sans cesse plus puissants. Mais cette activité a ses limites, et elles sont de taille. Nous les avons analysées dans ces pages mais, en matière de prévision, beaucoup de questions se posent encore. On arrive par exemple à comprendre comment se forment et se déplacent les systèmes dépressionnaires, mais le mystère demeure pour l'anticyclone.

Ce dernier est la clé de nos prévisions et ses caprices nous surprennent toujours. Comment se forme-t-il ? Comment se déplace-t-il ? Va-t-il rester, s'effondrer, gonfler ? Nous avons encore tout à apprendre à son sujet.

Résultat : les prévisions à huit jours sont à peu près sûres, mais la tendance mensuelle atteint difficilement les 55 % de réussite. Nous gagnons en fiabilité chaque année, mais nous devrons attendre encore vingt ans peut-être pour disposer de tendances saisonnières fortement crédibles.

Pourquoi vous dire tout cela ? Parce que, pour prédire le temps des cinquante ans à venir, on fait aujourd'hui de la météorologie « prospective ». On amplifie et on projette des modèles existants avec toutes les limites que je viens d'indiquer. Or je suis persuadé que, **pour comprendre ce qui nous arrive, il faut concentrer nos efforts sur l'étude des climats passés. Nous avons le nez sur le thermomètre et les relevés de CO_2, et nous négligeons d'approfondir les leçons de l'histoire.**

Un exemple : les études climatiques. Elles portent en majorité sur le devenir, mais combien se préoccupent d'analyser les réactions de la Terre face aux soubresauts déjà vécus ? On néglige tellement ces périodes que le premier rapport du GIEC en 2001 a tout simplement éludé les périodes clés de l'optimum médiéval et du petit âge glaciaire, dont nous venons de parler.

Ce fut ce que l'on appelle « l'affaire de la crosse de hockey ». Petit rappel : le GIEC illustrait le climat depuis l'an mil par une courbe en forme de crosse de hockey. La crosse étant l'augmentation des températures depuis 1870, le manche représentant le climat linéaire des huit premiers siècles de ce millénaire... Oubli volontaire ou négligence scientifique ?

Peu importe, après tout, mais cela démontre l'indifférence des spécialistes à l'égard des réactions de la planète face à ses excès en tout genre.

Les observateurs que nous sommes attendent une réponse toute simple à une question essentielle. Comment, après de telles « folies », la Terre s'en est-elle finalement sortie ? Comment a-t-elle retrouvé son équilibre ?

ON SE MOQUE DE NOUS

Commençons par balayer devant notre porte : la presse est d'une grande partialité. Tous les spécialistes en climatologie ou en météorologie qui ont accès aux médias sont du même bord et représentent le fameux consensus, que l'on peut ainsi résumer : la planète ne s'est jamais autant réchauffée et c'est l'homme qui en porte presque l'entière responsabilité.

Tous les organes de presse ont en leur sein des spécialistes de l'environnement qui claironnent la même idée. **Je cherche les radios ou les télés qui émettent, ne serait-ce que quelques secondes, des réserves sur les infos qu'elles donnent à propos du réchauffement. Sur ce sujet, aussi aléatoire, imprécis, incertain, balbutiant et grave à la fois, où est l'esprit critique ?**

Si nous pensons tous la même chose, c'est que nous ne pensons plus rien...

Que font les journalistes ? Qui ouvre ses antennes à la contradiction ? J'ai moi-même fait partie de ces obsessionnels qui ne parlent de la planète qu'au travers du réchauffement. Je le regrette aujourd'hui... Seul Claude Allègre[1] eut récemment le mérite de pousser la porte de la suspicion. En ai-je vu, des regards portés aux nues de la part de confrères condescendants refusant de lire son livre sous prétexte qu'il brisait le consensus ! Et ceux qui par malheur osent émettre quelques réserves se voient gratifiés de suppôts du lobby pétrolier. Je me suis toujours demandé à quoi pouvait ressembler un lobby pétrolier qui frapperait à ma porte pour me dire : « Tiens, Cabrol, voilà de l'argent pour financer ton livre ! » À moins qu'il ne m'offre à vie le plein pour mon scooter...

Bref, l'idéologie écologique est entrée dans les rédactions, dans nos vies, et elle s'est mise à organiser notre façon de penser.

Un coup d'État masqué

Reconnaissons qu'il y a, dans cette saga du réchauffement, rencontre d'intérêts entre nos

1. Voir référence bibliographique à la fin du livre.

gouvernements et les partisans de l'écologie... Nos gouvernants ont le souci de freiner la consommation d'origine fossile, le pétrole en particulier, et les pays dits développés ont pour objectif non avoué de retarder l'explosion des pays émergents (Chine et Inde) qui ont une frénésie d'expansion fulgurante.

La Chine est en passe de devenir la première puissance mondiale, et ralentir ses besoins de consommation *via* le réchauffement climatique est un argument pacifique et efficace. À condition de montrer l'exemple. La Chine cherche déjà ses futurs approvisionnements en pétrole et, dans ce but, elle envahit l'Afrique en douceur... Cette conquête du monde a de quoi inquiéter nos gouvernants. Si par ailleurs on peut mettre au point de nouvelles technologies pour freiner le réchauffement et si cette technologie peut être vendue aux pays émergents, l'occasion est encore plus belle.

Les écolos, eux, trouvent dans cette grande quête climatique un moyen de prendre le pouvoir ou, en tout cas, d'imposer leurs idées, ce qu'ils n'auraient jamais pu faire dans les urnes. Imaginons un gouvernement écolo nous obligeant à moins circuler, à réduire la température de nos appartements, et taxant certains véhicules :

échec total ! Mais en nous effrayant et en poussant le spectre d'une Terre en folie, le pouvoir est pris sur nos consciences et notre sensibilité. Bravo ! D'autant que la culpabilité est encore plus forte quand on met les enfants au premier rang : « Quelle planète allons-nous leur laisser ? »

En matière de coup d'État masqué, les exemples ne manquent pas. Qui aurait osé supprimer, à Paris, 1 500 places de parking dans les rues, interdisant de fait à autant de voitures de stationner ? Personne... Mais on l'a fait en créant Vélib'... Chaque station ampute en moyenne deux ou trois places de stationnement, et il doit y en avoir plus de 500. Et tout le monde applaudit. Finalement, il n'est pas si difficile de nous faire changer de vie, si l'on nous convertit en douceur... Cette prise de pouvoir insidieuse ne me choque pas. Je suis un grand amoureux de la nature – paysan dans l'âme et fier de l'être... mais les dérives sont insupportables !

Nos gouvernants ont trouvé en l'écologie une alliée objective. C'est pour eux le meilleur moyen de faire des économies... On demande à l'État de geler les programmes d'autoroute ? C'est justement ce qu'il souhaite faire car il n'y a plus d'argent pour en construire de nouvelles. Je milite dans le Tarn pour un axe autoroutier entre Castres et Toulouse, seul moyen de sauver le bassin sud-tarnais de son déclin. Pour les écologistes de la région, peu importe que 150 000 personnes attendent cet axe pour vivre au pays... Ils luttent pour l'interdire, au nom de leur idéal environnemental. Or ce n'est pas un ruban bitumeux que nous voulons mais un cordon ombilical avec la capitale régionale. Eh bien, le réchauffement climatique alimente ces oppositions-là. Mieux, il les renforce. L'emprise sur notre jugement et nos consciences est trop pesante pour ne pas être dénoncée. Surtout quand on constate les approximations scientifiques qui cautionnent ce réchauffement.

Pourquoi encore vouloir globaliser le climat ?

Cette question n'est pas originale puisque beaucoup se la posent, y compris les experts du réchauffement. Et elle n'a pas grande signification.

Dans les faits, la tendance est au contraire à la régionalisation. La météo, d'ailleurs, elle-même, se régionalise. Des types de temps totalement différents s'affrontent sur un même continent et parfois dans des pays limitrophes. Durant l'été 2007, par exemple, la canicule sévissait en Europe centrale et du Sud, la pluie et la fraîcheur régnaient en France et les inondations dramatiques se multipliaient en Grande-Bretagne.

Petite parenthèse sur la diversité régionale de la météo en France. Le général de Gaulle disait : « Comment voulez-vous gouverner un pays qui compte 246 sortes de fromages ? »... J'ai coutume de le paraphraser en disant : « Comment peut-on gouverner un pays qui compte 246 sortes de (micro)climats ? » Parce que, en la matière, nous sommes servis. Il suffit d'interroger les habitants d'une vallée, d'une montagne, d'une ville ou d'un village, ils vous parleront tous de leur microclimat à eux... Ils vous diront avec la même assurance que le temps est forcément meilleur chez eux que chez le voisin...

Je souris toujours quand on me demande à la radio de résumer la météo du jour en un bulletin d'une minute. Comment faire ? Il faudrait une minute par région tant les climats sont différents à l'échelle locale. Prenons l'exemple de la Bourgogne, que vous traversez sur un axe

Paris-Dijon. Vous entrez dans l'Yonne où le climat est globalement celui de Paris, puis vous traversez le Morvan avec un parfum de montagne, ses sapins et son humidité. Quelques kilomètres plus loin vous êtes à Beaune, avec ses vignes et sa douceur, avant d'atteindre le Dijonnais et ses énormes contrastes. En 300 kilomètres, vous avez changé quatre fois de climat... Le temps qu'il fait est régional, dis-je, et j'ai peine à croire que le réchauffement soit uniforme. L'exemple de la France laisse imaginer ce qui peut advenir à l'échelle des continents...

En réalité, la globalisation du climat est une ineptie, qui arrange les États et les gouvernants. C'est un moyen de rassembler les peuples en les associant au seul bien qu'ils ont en commun : la Terre.

LE SIÈCLE DE L'ÉCOLOGIE

André Malraux disait que le XXIe siècle serait celui de la spiritualité. Nous pouvons parier aujourd'hui qu'il sera aussi celui de l'écologie.

Mais qui se cache derrière cette « science de l'habitat » (*logos* : « science », *oikos* : « habitat ») ? Elle est en fait celle de l'interaction des êtres vivants entre eux et avec leurs milieux.

Personnellement, je me reconnais en « écologue », spécialiste de l'écologie, et non en « écologiste », un partisan. Il y a dans cette discipline, de la part de ceux qui la prônent, de tels accents de prosélytisme et de militantisme que j'ai du mal à y adhérer.

La nature, je la côtoie dans mes activités de travailleur de la terre, de jardinier ou de bûcheron. Je me sens paysan, c'est-à-dire « l'homme d'un pays », au sens littéral du terme. Vous l'avez compris, j'ai depuis toujours engagé des épousailles avec la terre, elles me plaisent et me touchent. J'ai grandi dans une ambiance rurale et je vis encore sur une exploitation agricole.

Pourquoi ce long préambule personnel ? Pour affirmer d'emblée que je veux le bonheur de ma planète dans le respect naturel de ses composantes. J'accompagne plus que quiconque les cycles de la végétation, mais depuis quelques années, je ne supporte plus l'écologie moralisatrice et culpabilisante.

On cherche à nous faire croire que nous sommes les grands fautifs du réchauffement. Or, nous émettons, nous, Français, 2 à 3 % seulement du total des émissions de gaz à effet de serre de la planète. Nous devons ces performances à nos centrales nucléaires qui nous donnent de l'électricité propre pendant que les Chinois mettent en service une centrale à charbon toutes les semaines.

Le nucléaire n'a pas bonne presse chez nous, mais il est aujourd'hui la seule alternative au CO_2. D'ailleurs, comment peut-on être à la fois contre le nucléaire et pour la réduction du gaz carbonique ? La France, souvent vilipendée, a fait le bon choix. Alors, encore une fois, pourquoi nous demander d'être exemplaires quand nous polluons si peu ?

Il est vrai que notre mode de vie, notre confort, nos voitures font de nous de gros émetteurs de CO_2 par tête d'habitant. Mais, à l'échelle de l'atmosphère, nos rejets sont insignifiants. Je l'ai déjà dit : en réduisant de 10 km/h notre vitesse sur les autoroutes, nous économiserions en un an ce que les Chinois consomment en trois heures. On pourra « jouer solidaires » quand les grands pollueurs chinois, indiens ou américains prendront des mesures qui ne soient pas des mesurettes ! Ne serait-ce qu'en Europe, beaucoup de pays, comme l'Espagne, le Portugal ou l'Irlande, sont à la traîne. L'atmosphère n'a pas de frontière et la pollution chinoise est aussi la nôtre.

Alors, incitation-sensibilisation : OUI, mais accusation-culpabilité : NON.

Actuellement dans le collimateur de nos dirigeants et des écolos : la voiture. Parce que, à leurs yeux, les Français ont un gros défaut, ils aiment leur auto. Les habitants des villes moyennes et du monde rural, eux, ne considèrent pas leurs voitures comme un luxe mais comme une nécessité vitale. Et ceux qui résident en banlieue ou en zone périurbaine savent qu'elle est indispensable. Économiser de l'énergie est salutaire, surtout au prix de l'essence, mais cessons de nous dire que l'on sauve la planète en prenant son vélo... Christian Gérondeau, président de la Fédération française des automobile-clubs, plaide dans son dernier livre [1] en faveur de la voiture : « Que compte l'unique tonne de CO_2 que chacun d'entre nous peut épargner tous les ans avec beaucoup d'efforts au regard des 2 800 milliards de tonnes qui existent dans l'atmosphère et qui s'accroissent de 15 milliards chaque année... Autant pour nous vouloir vider l'océan avec une cuillère. La clé est entre les mains des dirigeants de la Chine, de l'Inde et de l'Amérique. » Et il conclut en disant : « Les automobilistes parisiens émettent tous les ans ce que l'on rejette en dix minutes à l'échelle mondiale. » Argument un brin passionné et partisan, vous en conviendrez, mais qui traduit cette formidable disparité qui existe entre les efforts que nous pouvons faire et le gâchis qui règne sous d'autres cieux...

---

1. *Écologie, la grande arnaque*, Albin Michel.

CONCLUSION

Au terme de ce livre, et si je résume mes réflexions et mes observations, je dirai que ma pensée a cheminé au rythme de l'exaspération suscitée par ce tintamarre médiatico-politique autour du réchauffement de la planète.

Je ne conteste pas ce réchauffement, je fus même l'un des premiers à l'inclure dans mes propos météorologiques. Mais je réfute que l'on accuse l'homme de tous les maux sans tenir compte de la variabilité naturelle du climat et de l'approximation des recherches. Les thèses des partisans du réchauffement anthropique sont étayées, argumentées mais reposent encore sur des études trop fragiles. J'espère avoir montré dans ces pages que la recherche est brillante mais balbutiante et que la mécanique climatique est d'une complexité rare. J'espère avoir montré qu'il est malhonnête de culpabiliser les habitants de notre pays.

Nous sommes des bons citoyens de la planète, en tout cas meilleurs que beaucoup d'autres.

Cessons de nous asséner des leçons de morale sur cette terre que nous détruirions sans souci de ce que nous laisserions à nos enfants. Enlevez-nous ces panneaux idiots sur les autoroutes : « Je roule à 90 à l'heure et je sauve la planète », car tous les efforts que je ferai dans ma vie seront annihilés par quelques secondes de consommation chinoise ou indienne.

Dites-nous que le pétrole coûte cher et que réduire notre vitesse, c'est économiser de l'argent et améliorer la sécurité : oui, j'applaudis !

J'applaudis aussi au calfeutrage des maisons quand il est incitatif car je sais qu'il est susceptible de soulager mes dépenses... Oui, que l'on respecte la nature, et que l'on cesse de la malmener ! Oui, que les agriculteurs deviennent aussi les jardiniers de nos campagnes et qu'ils soient payés pour entretenir ces paysages qui tombent en friche parce qu'on les déserte et que l'on s'entasse dans les villes. Oui, que l'on sauve nos abeilles qui meurent par millions.

Si je m'insurge contre une culpabilité subie au quotidien, c'est parce que nous entrons dans une société d'assistés et que nous allons le payer au prix d'une liberté entravée.

Mais je comprends et je soutiens avec ferveur les efforts que l'on nous demande pour réguler notre mode de vie quand ils sont mesurés et quand ils ne bouleversent pas nos schémas.

Oui, il faut lutter contre la déforestation. Elle est exponentielle et anarchique. Mais pour éviter que les indigènes ne remplacent la forêt par le blé, le soja ou le coton, encore faut-il les indemniser et leur permettre de vivre dignement.

Oui, il faut poursuivre le nucléaire... vendre des centrales et profiter de notre technologie pour faire de la lutte contre le réchauffement le moteur de notre économie. Cela nécessite de passer aux surgénérateurs et de progresser dans le traitement des déchets.

Nous serons 7,5 milliards d'individus en 2025 et 9 milliards en 2050. Or, la seule énergie abondante et facile à exploiter, c'est le charbon, gros cracheur de CO_2. D'après l'OCDE, la demande planétaire en énergie aura augmenté de 50 % en 2030. Et si, comme nous le pensons, la Terre peut s'en sortir toute seule, un petit coup de pouce de notre part ne peut que l'y aider.

Que penser maintenant des énergies renouvelables ?

C'est une formule séduisante, idyllique même, puisque vent et soleil peuvent fournir de l'énergie à bon marché. Tant mieux. Mais si cette énergie est infinie, elle varie au gré de la météo : le vent n'est pas toujours au rendez-vous et le soleil non plus. En fait, le gros problème réside surtout dans le stockage de l'électricité recueillie, les batteries actuelles étant trop peu performantes. Quant aux biocarburants, là encore c'est une formule séduisante, mais l'expérience brésilienne montre qu'il faut un litre de carburant-pétrole pour produire 3 à 5 litres d'éthanol.

Bref, difficile d'envisager que les énergies douces seront la solution de demain... À moins de créer de toutes pièces des villes « 100 % écolos », comme le fait l'émirat d'Abou Dhabi, qui a entamé en février 2008 la construction de la première cité fonctionnant avec un niveau zéro d'émission de CO_2. « Masdar City » sera achevée en 2015, mais à quel prix : 22 milliards de dollars !

Les OGM au secours de la planète ?

Le sujet est trop vaste et trop polémique pour être traité en quelques lignes, mais une question se pose tout de même.

Petit rappel. Que sont les OGM ? On sait que les êtres vivants possèdent une cellule avec un noyau au sein duquel est stocké notre ADN. L'ADN rassemble nos gènes et, en les modifiant, on change en quelque sorte notre nature. Ainsi, un maïs modifié génétiquement peut tuer la pyrale, cette vilaine chenille de papillons, quand elle vient se poser sur lui, évitant alors d'utiliser des pesticides. On peut également modifier le maïs pour en faire une plante sobre et moins consommatrice d'eau. On peut enrichir le riz en vitamine A pour compenser les carences dans certains pays d'Afrique, etc.

En la matière, les possibilités du « génétiquement modifié » sont immenses. Alors, pourquoi ne pas imaginer que l'on puisse créer des plantes dont la vocation serait de dévorer le CO_2 ? Il suffirait de les ensemencer dans des endroits incultes pour en faire des pompes à carbone naturelles. Rêve ou réalité ?

MERCI DE M'AVOIR SUIVI !

Dois-je rappeler qu'en aucune façon je n'ai cherché à me substituer aux scientifiques auxquels je rends encore hommage en terminant. Je suis un observateur attentif du ciel et de ses remous et mon souhait le plus cher est de mettre un peu de tolérance et de vérité dans des discours moralisateurs.

Je voudrais tant que l'on quitte cette politique d'alarme agressive pour une politique d'alerte constructive.

Mobilisons notre énergie.

Mobilisons notre imagination pour nous faire aimer la nature.

N'oublions pas les leçons de l'histoire...

Faisons quelques efforts et, certainement, la Terre s'en sortira toute seule...

POST-SCRIPTUM

Ce livre répond en partie à une demande... Celle de mes lecteurs et de mes auditeurs à Europe 1 qui, à chacune de mes interventions sur le sujet, m'ont toujours soutenu et suivi.

J'ai compris leur besoin d'être rassurés, réorientés, de sortir de la culpabilité dans laquelle on nous plonge au quotidien. J'ai reçu des centaines de messages par courrier et sur mon site Internet. Permettez-moi d'en retranscrire quelques-uns puisque ces pages, en conséquence, sont un peu les leurs...

Jean, de Marseille : « Enfin une autre pensée... Il y en a marre de ces ayatollahs de l'écologie ! »

Jean-Luc (mairesyj@online.fr) : « Merci de vouloir fronder un peu face aux modeleurs de pensée ! »

Nives (n.fontanet@orange.fr) : « Des réchauffements climatiques, il y en a déjà eu et vous avez raison de dire qu'on ne parle jamais de ces catastrophes-là. »

François (françois.compere@club-internet.fr) : « Le souci de préserver l'environnement qui est partagé par le plus grand nombre n'autorise pas certains idéologues à dire n'importe quoi. Permettez-moi de rappeler cette citation de Talleyrand : "Ce qui est excessif est dérisoire." »

Pierre (pitethebest@free.fr) : « Continuez ! Vous êtes le seul à porter mes idées. »

Jean Tardieux, de Saint-Jean-de-Barrou : « Enfin quelqu'un qui garde la tête froide et qui conteste la repentance non-stop et l'assistanat érigé en dogme. Et certains s'étonnent que les Français n'aient pas le moral ? »

Annie (viclavalette2@hotmail.com) : « Merci pour la position que vous défendez. C'est pénible de nous culpabiliser au quotidien alors que nous trions, roulons moins vite et économisons notre eau depuis déjà de longues années. »

Michel Manso : « Je ne sais pas si tu as vraiment raison, l'avenir le dira, mais comme tu dis, on fait des statistiques sur tout et on exagère avec des images chocs à la télé. Je pense que, dans le passé, la Terre a subi les mêmes effets alors qu'il n'y avait ni hommes, ni industries, ni voitures. »

Jean-Paul, chercheur au CNRS (pbiberian @yahoo.fr) : « Je suis fatigué de cette situation où l'on nous dit responsables de tout. L'écologie a remplacé la religion qui nous avait culpabilisés avec le péché originel. »

BIBLIOGRAPHIE

Livres

C. Allègre, *Ma vérité sur la planète*, avril 2007, Plon.
É. Bard, *L'Homme et le Climat : une liaison dangereuse*, novembre 2005, Découverte Gallimard.
J.-P. Chalon, *Combien pèse un nuage ?*, janvier 2002, EDP Sciences.
M. Crichton, *État d'urgence*, 2006, Robert Laffont.
P. Dubois, P. Lefèvre, *Un nouveau climat*, octobre 2003, Éd. de la Martinière.
J.-L. Fellois et C. Gautier, *Comprendre le changement climatique*, août 2007, Odile Jacob.
C. Gérondeau, *Écologie, la grande arnaque*, septembre 2007, Albin Michel.
S. Huet, *Quel climat pour demain ?*, novembre 2000, Calmann-Lévy.
N. Hulot, *Pour un pacte écologique*, janvier 2007, Calmann-Lévy.
J. Jouzel, A. Debroise, *Le Climat : jeu dangereux. Dernières nouvelles de la planète*, avril 2007, Dunod.
R. Kandel, *L'Incertitude des climats*, janvier 1998, Pluriel.
R. Kandel, *Le Réchauffement climatique*, octobre 2002, Que sais-je ?, PUF.

E. Le Roy Ladurie, *Histoire du climat depuis l'an mil*, avril 1993, Champs Flammarion.
E. Le Roy Ladurie, *Abrégé d'histoire du climat du Moyen Âge à nos jours*, novembre 2007, Fayard.
M. Leroux, *La Dynamique du temps et du climat*, décembre 2004, Dunod.
G. Séchet, *Quel temps ! Chronique de la météo de 1900 à nos jours*, mai 2004, Hermé.

Rapports, magazines

Commission européenne, « EU Energy and Transport in Figures ».
Science et Vie, hors-série n° 240, « Climat : le dossier vérité ».

Sites Internet

Pour relativiser le réchauffement :
www.climat-sceptique.com

Sur l'effet de serre et les conséquences du réchauffement :
www.effet-de-serre.gouv.fr
www.ademe.fr
www.inra.fr

Sur la recherche climatologique :
ww.meteo.org
www.ipcc.ch
www.cnrm.meteo.fr

Mon site Internet pour toutes vos réactions

www.laurent-cabrol.com

REMERCIEMENTS

Merci à Wendy Bouchard, jeune journaliste à Europe 1, curieuse du réchauffement climatique. Elle fut la première lectrice de ce livre et m'a incité à la vulgarisation sans renoncer à la rigueur. Il fallait que ce sujet complexe soit traité en termes simples, sans passion, et elle y a contribué.

Merci à tous ces chercheurs anonymes qui ont déjà ouvert une porte pour ébrécher le consensus. Ils travaillent dans l'ombre et ne sont jamais écoutés.

Merci à vous, auditeurs, téléspectateurs, lecteurs, qui m'avez encouragé à écrire ces pages. Vous représentez un courant de pensée qui souhaite que le débat ne soit pas escamoté.

TABLE

OÙ SONT LES COUPABLES ?

Mis en pages par DV Arts Graphiques à La Rochelle.
Imprimé en France par la Société Nouvelle Firmin-Didot.
Dépôt légal : avril 2008
N° d'édition : 1196 – N° d'impression : 89713
ISBN 978-2-7491-1196-4